»Das deutsche bürgerliche Epos *Hermann und Dorothea* wird 1797 vollendet. Der Höhepunkt epischer Dichtungen in Goethes Werk und ein Höhepunkt dieses Werks schlechthin. Jede Epoche wird die Geschichte mit neuer Empfindung lesen und aus eigener Zeiterfahrung illustrieren. Goethe übernahm die Fabel aus Gökkings Bericht über die Schicksale der aus dem Erzbistum Salzburg vertriebenen Lutheraner. Was Goethe als zeitgenössische Geschichte, als Fluchtbewegung vor den herannahenden Franzosen schildert, hatte sich ursprünglich im Jahre 1731 zugetragen. Der Epiker filtert Landschaften und Menschen, die er genau kennt. Jeder der neun Gesänge ist einer der Musen zugeeignet, aber nur gelegentlich – im 6. Gesang mit seiner Schilderung der Französischen Revolution, der folgerichtig im Zeichen Klios steht – wird eine Beziehung zwischen der jeweiligen Muse und dem Gang der Erzählung hergestellt. Die Affinität zu Homer und zur Griechenwelt liegt in der Harmonie des Aufbaus, der aus der Enge in die Weite führt und wieder, auf höherer Stufe, ins Häusliche zurückführt, dazu in der Genauigkeit des Details, das, nach Goethes Willen, diese epische Dichtung gleichsam in ein Werk der Plastik verwandelt.«

Hans Mayer

insel taschenbuch 225

Goethe

Hermann und Dorothea

GOETHE
HERMANN UND DOROTHEA

Mit Aufsätzen von
August Wilhelm Schlegel
Wilhelm von Humboldt
Georg Wilhelm Friedrich Hegel
und Hermann Hettner
Mit zehn Kupfern
von Catel

INSEL

insel taschenbuch 225
Erste Auflage 1976

Vertrieb durch Suhrkamp Taschenbuchverlag
Umschlag nach Entwürfen von Willy Fleckhaus
Satz: Otto Gutfreund & Sohn, Darmstadt
Druck: Ebner, Ulm
Printed in Germany

Inhalt

HERMANN UND DOROTHEA

KALLIOPE

Schicksal und Anteil

Hab ich den Markt und die Straßen doch nie so einsam gesehen!
Ist doch die Stadt wie gekehrt! wie ausgestorben! Nicht funfzig,
Deucht mir, blieben zurück von allen unsern Bewohnern.
Was die Neugier nicht tut! So rennt und läuft nun ein jeder,
Um den traurigen Zug der armen Vertriebnen zu sehen.
Bis zum Dammweg, welchen sie ziehn, ists immer ein Stündchen,
Und da läuft man hinab, im heißen Staube des Mittags.
Möcht ich mich doch nicht rühren vom Platz, um zu sehen das Elend
Guter fliehender Menschen, die nun, mit geretteter Habe,
Leider das überrheinische Land, das schöne, verlassend,
Zu uns herüberkommen und durch den glücklichen Winkel
Dieses fruchtbaren Tals und seiner Krümmungen wandern.
Trefflich hast du gehandelt, o Frau, daß du milde den Sohn fort
Schicktest, mit altem Linnen und etwas Essen und Trinken,
Um es den Armen zu spenden; denn Geben ist Sache des Reichen.
Was der Junge doch fährt! und wie er bändigt die Hengste!
Sehr gut nimmt das Kütschchen sich aus, das neue; bequemlich
Säßen viere darin und auf dem Bocke der Kutscher.
Diesmal fuhr er allein; wie rollt es leicht um die Ecke!
So sprach, unter dem Tore des Hauses sitzend am Markte,
Wohlbehaglich, zur Frau der Wirt zum goldenen Löwen.

Und es versetzte darauf die kluge, verständige Hausfrau:
Vater, nicht gerne verschenk ich die abgetragene Leinwand,
Denn sie ist zu manchem Gebrauch und für Geld nicht zu haben,
Wenn man ihrer bedarf. Doch heute gab ich so gerne
Manches bessere Stück an Überzügen und Hemden;
Denn ich hörte von Kindern und Alten, die nackend dahergehn.

Wirst du mir aber verzeihn? denn auch dein Schrank ist geplündert
Und besonders den Schlafrock mit indianischen Blumen,
Von dem feinsten Kattun, mit feinem Flanelle gefüttert,
Gab ich hin: er ist dünn und alt und ganz aus der Mode.

Aber es lächelte drauf der treffliche Hauswirt und sagte:
Ungern vermiß ich ihn doch, den alten kattunenen Schlafrock,
Echt ostindischen Stoffs; so etwas kriegt man nicht wieder.
Wohl! ich trug ihn nicht mehr. Man will jetzt freilich, der Mann so
Immer gehn im Surtout und in der Pekesche sich zeigen,
Immer gestiefelt sein; verbannt ist Pantoffel und Mütze.

Siehe! versetzte die Frau, dort kommen schon einige wieder,
Die den Zug mit gesehn: er muß doch wohl schon vorbei sein.
Seht, wie allen die Schuhe so staubig sind! wie die Gesichter
Glühen! und jeglicher führt das Schnupftuch und wischt sich de
Schweiß ab.
Möcht ich doch auch, in der Hitze, nach solchem Schauspiel so we
nicht
Laufen und leiden! Fürwahr, ich habe genug am Erzählten.

Und es sagte darauf der gute Vater mit Nachdruck:
Solch ein Wetter ist selten zu solcher Ernte gekommen,
Und wir bringen die Frucht herein, wie das Heu schon herein ist
Trocken; der Himmel ist hell, es ist kein Wölkchen zu sehen,
Und von Morgen wehet der Wind mit lieblicher Kühlung.

Das ist beständiges Wetter! und überreif ist das Korn schon;
Morgen fangen wir an zu schneiden die reichliche Ernte.

Als er so sprach, vermehrten sich immer die Scharen der Männer
Und der Weiber, die über den Markt sich nach Hause begaben;
Und so kam auch zurück mit seinen Töchtern gefahren
Rasch, an die andere Seite des Markts, der begüterte Nachbar,
An sein erneuertes Haus, der erste Kaufmann des Ortes,
Im geöffneten Wagen (er war in Landau verfertigt).
Lebhaft wurden die Gassen; denn wohl war bevölkert das Städtchen,
Mancher Fabriken befliß man sich da und manches Gewerbes.

Und so saß das trauliche Paar, sich unter dem Torweg
Über das wandernde Volk mit mancher Bemerkung ergötzend.
Endlich aber begann die würdige Hausfrau und sagte:
Seht! dort kommt der Prediger her; es kommt auch der Nachbar
Apotheker mit ihm: die sollen uns alles erzählen,
Was sie draußen gesehn und was zu schauen nicht froh macht.

Freundlich kamen heran die beiden und grüßten das Ehpaar,
Setzten sich auf die Banke, die hölzernen, unter dem Torweg,
Staub von den Füßen schüttelnd und Luft mit dem Tuche sich
fächelnd.
Da begann denn zuerst, nach wechselseitigen Grüßen,
Der Apotheker zu sprechen und sagte, beinahe verdrießlich:
So sind die Menschen fürwahr! und einer ist doch wie der andre,

Daß er zu gaffen sich freut, wenn den Nächsten ein Unglück befälle
Läuft doch jeder, die Flamme zu sehn, die verderblich emporschläg
Jeder, den armen Verbrecher, der peinlich zum Tode geführt wir
Jeder spaziert nun hinaus, zu schauen der guten Vertriebnen
Elend, und niemand bedenkt, daß ihn das ähnliche Schicksal
Auch, vielleicht zunächst, betreffen kann, oder doch künftig.
Unverzeihlich find ich den Leichtsinn; doch liegt er im Menschen

Und es sagte darauf der edle, verständige Pfarrherr,
Er, die Zierde der Stadt, ein Jüngling, näher dem Manne.
Dieser kannte das Leben und kannte der Hörer Bedürfnis,
War vom hohen Werte der heiligen Schriften durchdrungen,
Die uns der Menschen Geschick enthüllen und ihre Gesinnung;
Und so kannt er auch wohl die besten weltlichen Schriften.
Dieser sprach: Ich tadle nicht gern, was immer dem Menschen
Für unschädliche Triebe die gute Mutter Natur gab;
Denn was Verstand und Vernunft nicht immer vermögen, verma
oft
Solch ein glücklicher Hang, der unwiderstehlich uns leitet.
Lockte die Neugier nicht den Menschen mit heftigen Reizen,
Sagt! erführ er wohl je, wie schön sich die weltlichen Dinge
Gegeneinander verhalten? Denn erst verlangt er das Neue,
Suchet das Nützliche dann mit unermüdetem Fleiße;
Endlich begehrt er das Gute, das ihn erhebet und wert macht.
In der Jugend ist ihm ein froher Gefährte der Leichtsinn,
Der die Gefahr ihm verbirgt und heilsam geschwinde die Spuren
Tilget des schmerzlichen Übels, sobald es nur irgend vorbeizog.
Freilich ist er zu preisen, der Mann, dem in reiferen Jahren

Sich der gesetzte Verstand aus solchem Frohsinn entwickelt,
Der im Glück wie im Unglück sich eifrig und tätig bestrebet;
Denn das Gute bringt er hervor und ersetzet den Schaden.

Freundlich begann sogleich die ungeduldige Hausfrau:
Saget uns, was ihr gesehn; denn das begehrt' ich zu wissen.

Schwerlich, versetzte darauf der Apotheker mit Nachdruck,
Werd ich so bald mich freun nach dem, was ich alles erfahren.
Und wer erzählet es wohl, das mannigfaltigste Elend!
Schon von ferne sahn wir den Staub, noch eh wir die Wiesen
Abwärts kamen; der Zug war schon von Hügel zu Hügel
Unabsehlich dahin, man konnte wenig erkennen.
Als wir nun aber den Weg, der quer durchs Tal geht, erreichten,
War Gedräng und Getümmel noch groß der Wandrer und Wagen.
Leider sahen wir noch genug der Armen vorbeiziehn,
Konnten einzeln erfahren, wie bitter die schmerzliche Flucht sei,
Und wie froh das Gefühl des eilig geretteten Lebens.
Traurig war es zu sehn, die mannigfaltige Habe,
Die ein Haus nur verbirgt, das wohlversehne, und die ein
Guter Wirt umher an die rechten Stellen gesetzt hat,
Immer bereit zum Gebrauche, denn alles ist nötig und nützlich,
Nun zu sehen das alles, auf mancherlei Wagen und Karren
Durcheinandergeladen, mit Übereilung geflüchtet.
Über dem Schranke lieget das Sieb und die wollene Decke;
In dem Backtrog das Bett, und das Leintuch über dem Spiegel.
Ach! und es nimmt die Gefahr, wie wir beim Brande vor zwanzig

Jahren auch wohl gesehn, dem Menschen alle Besinnung,
Daß er das Unbedeutende faßt und das Teure zurückläßt.
Also führten auch hier, mit unbesonnener Sorgfalt,
Schlechte Dinge sie fort, die Ochsen und Pferde beschwerend:
Alte Bretter und Fässer, den Gänsestall und den Käfig.
Auch so keuchten die Weiber und Kinder mit Bündeln sich schleppend,
Unter Körben und Butten voll Sachen keines Gebrauches;
Denn es verläßt der Mensch so ungern das Letzte der Habe.
Und so zog auf dem staubigen Weg der drängende Zug fort,
Ordnungslos und verwirrt. Mit schwächeren Tieren der eine
Wünschte langsam zu fahren, ein anderer emsig zu eilen.
Da entstand ein Geschrei der gequetschten Weiber und Kinder,
Und ein Blöken des Viehes, dazwischen der Hunde Gebelfer,
Und ein Wehlaut der Alten und Kranken, die hoch auf dem schweren
Übergepackten Wagen auf Betten saßen und schwankten.
Aber, aus dem Gleise gedrängt, nach dem Rande des Hochwegs
Irrte das knarrende Rad; es stürzt' in den Graben das Fuhrwerk,
Umgeschlagen, und weithin entstürzten im Schwunge die Menschen,
Mit entsetzlichem Schrein, in das Feld hin, aber doch glücklich.
Später stürzten die Kasten und fielen näher dem Wagen.
Wahrlich, wer im Fallen sie sah, der erwartete nun sie
Unter der Last der Kisten und Schränke zerschmettert zu schauen
Und so lag zerbrochen der Wagen und hülflos die Menschen:
Denn die übrigen gingen und zogen eilig vorüber,
Nur sich selber bedenkend und hingerissen vom Strome.
Und wir eilten hinzu und fanden die Kranken und Alten,

Die zu Haus und im Bett schon kaum ihr dauerndes Leiden
Trügen, hier auf dem Boden, beschädigt, ächzen und jammern,
Von der Sonne verbrannt und erstickt vom wogenden Staube.

Und es sagte darauf gerührt der menschliche Hauswirt:
Möge doch Hermann sie treffen und sie erquicken und kleiden.
Ungern würd ich sie sehn; mich schmerzt der Anblick des Jammers.
Schon von dem ersten Bericht so großer Leiden gerühret,
Schickten wir eilend ein Scherflein von unserm Überfluß, daß nur
Einige würden gestärkt, und schienen uns selber beruhigt.
Aber laßt uns nicht mehr die traurigen Bilder erneuern;
Denn es beschleichet die Furcht gar bald die Herzen der Menschen
Und die Sorge, die mehr als selbst mir das Übel verhaßt ist.
Tretet herein in den hinteren Raum, das kühlere Sälchen.
Nie scheint Sonne dahin, nie dringet wärmere Luft dort
Durch die stärkeren Mauern; und Mütterchen bringt uns ein
Gläschen
Dreiundachtziger her, damit wir die Grillen vertreiben.
Hier ist nicht freundlich zu trinken: die Fliegen umsummen die
Gläser.
Und sie gingen dahin und freuten sich alle der Kühlung.

Sorgsam brachte die Mutter des klaren herrlichen Weines,
In geschliffener Flasche auf blankem zinnernem Runde,
Mit den grünlichen Römern, den echten Bechern des Rheinweins. –
Und so sitzend umgaben die Drei den glänzend gebohnten
Runden braunen Tisch, er stand auf mächtigen Füßen.

Heiter klangen sogleich die Gläser des Wirtes und Pfarrers;
Doch unbeweglich hielt der Dritte denkend das seine,
Und es fordert' ihn auf der Wirt mit freundlichen Worten:

Frisch, Herr Nachbar, getrunken! denn noch bewahrte vor Unglü
Gott uns gnädig und wird auch künftig uns also bewahren.
Denn wer erkennet es nicht, daß seit dem schrecklichen Brande,
Da er so hart uns gestraft, er uns nun beständig erfreut hat
Und beständig beschützt, so wie der Mensch sich des Auges
Köstlichen Apfel bewahrt, der vor allen Gliedern ihm lieb ist.
Sollt' er fernerhin nicht uns schützen und Hülfe bereiten?
Denn man sieht es erst recht, wie viel er vermag, in Gefahren.
Sollt' er die blühende Stadt, die er erst durch fleißige Bürger
Neu aus der Asche gebaut und dann sie reichlich gesegnet,
Jetzo wieder zerstören und alle Bemühung vernichten?

Heiter sagte darauf der treffliche Pfarrer und milde:
Haltet am Glauben fest und fest an dieser Gesinnung;
Denn sie macht im Glücke verständig und sicher, im Unglück
Reicht sie den schönsten Trost und belebt die herrlichste Hoffnun

Da versetzte der Wirt, mit männlichen klugen Gedanken:
Wie begrüßt ich so oft mit Staunen die Fluten des Rheinstroms,
Wenn ich, reisend nach meinem Geschäft, ihm wieder mich naht
Immer schien er mir groß und erhob mir Sinn und Gemüte;
Aber ich konnte nicht denken, daß bald sein liebliches Ufer

Sollte werden ein Wall, um abzuwehren den Franken,
Und sein verbreitetes Bett ein allverhindernder Graben.
Seht, so schützt die Natur, so schützen die wackeren Deutschen
Und so schützt uns der Herr; wer wollte töricht verzagen?
Müde schon sind die Streiter, und alles deutet auf Frieden.
Möge doch auch, wenn das Fest, das lang erwünschte, gefeiert
Wird in unserer Kirche, die Glocke dann tönt zu der Orgel,
Und die Trompete schmettert, das hohe Tedeum begleitend, –
Möge mein Hermann doch auch an diesem Tage, Herr Pfarrer,
Mit der Braut, entschlossen, vor Euch am Altare sich stellen
Und das glückliche Fest, in allen den Landen begangen,
Auch mir künftig erscheinen der häuslichen Freuden ein Jahrstag!
Aber ungern seh ich den Jüngling, der immer so tätig
Mir in dem Hause sich regt, nach außen langsam und schüchtern.
Wenig findet er Lust, sich unter Leuten zu zeigen;
Ja, er vermeidet sogar der jungen Mädchen Gesellschaft
Und den fröhlichen Tanz, den alle Jugend begehret.

Also sprach er und horchte. Man hörte der stampfenden Pferde
Fernes Getöse sich nahn, man hörte den rollenden Wagen,
Der mit gewaltiger Eile nun donnert' unter den Torweg.

TERPSICHORE

Hermann

Als nun der wohlgebildete Sohn ins Zimmer hereintrat,
Schaute der Prediger ihm mit scharfen Blicken entgegen
Und betrachtete seine Gestalt und sein ganzes Benehmen
Mit dem Auge des Forschers, der leicht die Mienen enträtselt;
Lächelte dann und sprach zu ihm mit traulichen Worten:
Kommt Ihr doch als ein veränderter Mensch! Ich habe noch niemals
Euch so munter gesehn und Eure Blicke so lebhaft.
Fröhlich kommt Ihr und heiter; man sieht, Ihr habet die Gaben
Unter die Armen verteilt und ihren Segen empfangen.

Ruhig erwiderte drauf der Sohn, mit ernstlichen Worten:
Ob ich löblich gehandelt? ich weiß es nicht; aber mein Herz hat
Mich geheißen zu tun, so wie ich genau nun erzähle.
Mutter, Ihr kramtet so lange, die alten Stücke zu suchen
Und zu wählen; nur spät war erst das Bündel zusammen,
Auch der Wein und das Bier ward langsam, sorglich gepacket.
Als ich nun endlich vors Tor auf die Straße hinauskam,
Strömte zurück die Menge der Bürger mit Weibern und Kindern,
Mir entgegen; denn fern war schon der Zug der Vertriebnen.
Schneller hielt ich mich dran und fuhr behende dem Dorf zu,
Wo sie, wie ich gehört, heut übernachten und rasten.
Als ich nun meines Weges die neue Straße hinanfuhr,
Fiel mir ein Wagen ins Auge, von tüchtigen Bäumen gefüget,
Von zwei Ochsen gezogen, den größten und stärksten des Auslands,
Nebenher aber ging mit starken Schritten ein Mädchen,
Lenkte mit langem Stabe die beiden gewaltigen Tiere,
Trieb sie an und hielt sie zurück, sie leitete klüglich.
Als mich das Mädchen erblickte, so trat sie den Pferden gelassen

Näher und sagte zu mir: Nicht immer war es mit uns so
Jammervoll, als Ihr uns heut auf diesen Wegen erblicket.
Noch nicht bin ich gewohnt, vom Fremden die Gabe zu heischen
Die er oft ungern gibt, um loszuwerden den Armen;
Aber mich dränget die Not zu reden. Hier auf dem Strohe
Liegt die erst entbundene Frau des reichen Besitzers,
Die ich mit Stieren und Wagen noch kaum, die schwangre, gerettet
Spät nur kommen wir nach, und kaum das Leben erhielt sie.
Nun liegt, neugeboren, das Kind ihr nackend im Arme,
Und mit wenigem nur vermögen die Unsern zu helfen,
Wenn wir im nächsten Dorf, wo wir heute zu rasten gedenken,
Auch sie finden, wiewohl ich fürchte, sie sind schon vorüber.
Wär Euch irgend von Leinwand nur was Entbehrliches, wenn Ih
Hier aus der Nachbarschaft seid, so spendets gütig den Armen.

Also sprach sie, und matt erhob sich vom Strohe die bleiche
Wöchnerin, schaute nach mir; ich aber sagte dagegen:
Guten Menschen, fürwahr, spricht oft ein himmlischer Geist zu,
Daß sie fühlen die Not, die dem armen Bruder bevorsteht;
Denn so gab mir die Mutter, im Vorgefühle von eurem
Jammer, ein Bündel, sogleich es der nackten Notdurft zu reichen
Und ich löste die Knoten der Schnur, und gab ihr den Schlafroc
Unsers Vaters dahin, und gab ihr Hemden und Leintuch.
Und sie dankte mit Freuden und rief: Der Glückliche glaubt nich
Daß noch Wunder geschehn; denn nur im Elend erkennt man
Gottes Hand und Finger, der gute Menschen zum Guten
Leitet. Was er durch Euch an uns tut, tu er Euch selber.
Und ich sah die Wöchnerin froh die verschiedene Leinwand,

Aber besonders den weichen Flanell des Schlafrocks befühlen.
Eilen wir, sagte zu ihr die Jungfrau, dem Dorf zu, in welchem
Unsre Gemeine schon rastet und diese Nacht durch sich aufhält;
Dort besorg ich sogleich das Kinderzeug, alles und jedes.
Und sie grüßte mich noch und sprach den herzlichsten Dank aus,
Trieb die Ochsen; da ging der Wagen. Ich aber verweilte,
Hielt die Pferde noch an; denn Zwiespalt war mir im Herzen,
Ob ich mit eilenden Rossen das Dorf erreichte, die Speisen
Unter das übrige Volk zu spenden, oder sogleich hier
Alles dem Mädchen gäbe, damit sie es weislich verteilte.
Und ich entschied mich gleich in meinem Herzen und fuhr ihr
Sachte nach, und erreichte sie bald und sagte behende:
Gutes Mädchen, mir hat die Mutter nicht Leinwand alleine
Auf den Wagen gegeben, damit ich den Nackten bekleide,
Sondern sie fügte dazu noch Speis' und manches Getränke,
Und es ist mir genug davon im Kasten des Wagens.
Nun bin ich aber geneigt, auch diese Gaben in deine
Hand zu legen, und so erfüll ich am besten den Auftrag:
Du verteilst sie mit Sinn, ich müßte dem Zufall gehorchen.
Drauf versetzte das Mädchen: Mit aller Treue verwend ich
Eure Gaben; der Dürftige soll sich derselben erfreuen.
Also sprach sie. Ich öffnete schnell die Kasten des Wagens,
Brachte die Schinken hervor, die schweren; brachte die Brote,
Flaschen Weines und Biers, und reicht ihr alles und jedes.
Gerne hätt ich noch mehr ihr gegeben; doch leer war der Kasten.
Alles packte sie drauf zu der Wöchnerin Füßen und zog so
Weiter; ich eilte zurück mit meinen Pferden der Stadt zu.

Als nun Hermann geendet, da nahm der gesprächige Nachbar
Gleich das Wort, und rief: O glücklich, wer in den Tagen
Dieser Flucht und Verwirrung in seinem Haus nur allein lebt,
Wem nicht Frau und Kinder zur Seite bange sich schmiegen!
Glücklich fühl ich mich jetzt; ich möcht um vieles nicht heute
Vater heißen und nicht für Frau und Kinder besorgt sein.
Öfters dacht ich mir auch schon die Flucht und habe die besten
Sachen zusammengepackt, das alte Geld und die Ketten
Meiner seligen Mutter, das alles noch heilig verwahrt liegt.
Freilich bliebe noch vieles zurück, das so leicht nicht geschafft wird
Selbst die Kräuter und Wurzeln, mit vielem Fleiße gesammelt,
Mißt' ich ungern, wenn auch der Wert der Ware nicht groß ist.
Bleibt der Provisor zurück, so geh ich getröstet von Hause.
Hab ich die Barschaft gerettet und meinen Körper, so hab ich
Alles gerettet; der einzelne Mann entfliehet am leichtsten.

Nachbar, versetzte darauf der junge Hermann mit Nachdruck:
Keinesweges denk ich wie Ihr, und tadle die Rede.
Ist wohl der ein würdiger Mann, der, im Glück und im Unglück
Sich nur allein bedenkt und Leiden und Freuden zu teilen
Nicht verstehet und nicht dazu von Herzen bewegt wird?
Lieber möcht ich, als je, mich heute zur Heirat entschließen;
Denn manch gutes Mädchen bedarf des schützenden Mannes
Und der Mann des erheiternden Weibs, wenn ihm Unglück
bevorsteht.

Lächelnd sagte darauf der Vater: So hör ich dich gerne!
Solch ein vernünftiges Wort hast du mir selten gesprochen.

Aber es fiel sogleich die gute Mutter behend ein:
Sohn, fürwahr! du hast recht; wir Eltern gaben das Beispiel.
Denn wir haben uns nicht an fröhlichen Tagen erwählet,
Und uns knüpfte vielmehr die traurigste Stunde zusammen.
Montag morgens – ich weiß es genau, denn Tages vorher war
Jener schreckliche Brand, der unser Städtchen verzehrte –
Zwanzig Jahre sinds nun; es war ein Sonntag wie heute,
Heiß und trocken die Zeit, und wenig Wasser im Orte.
Alle Leute waren, spazierend in festlichen Kleidern,
Auf den Dörfern verteilt und in den Schenken und Mühlen.
Und am Ende der Stadt begann das Feuer. Der Brand lief
Eilig die Straßen hindurch, erzeugend sich selber den Zugwind.
Und es brannten die Scheunen der reichgesammelten Ernte,
Und es brannten die Straßen bis zu dem Markt, und das Haus war
Meines Vaters hierneben verzehrt, und dieses zugleich mit.
Wenig flüchteten wir. Ich saß, die traurige Nacht durch,
Vor der Stadt auf dem Anger, die Kasten und Betten bewahrend;
Doch zuletzt befiel mich der Schlaf, und als nun des Morgens
Mich die Kühlung erweckte, die vor der Sonne herabfällt,
Sah ich den Rauch und die Glut und die hohlen Mauern und Essen.
Da war beklemmt mein Herz; allein die Sonne ging wieder
Herrlicher auf als je und flößte mir Mut in die Seele.
Da erhob ich mich eilend. Es trieb mich, die Stätte zu sehen,
Wo die Wohnung gestanden, und ob sich die Hühner gerettet,
Die ich besonders geliebt; denn kindisch war mein Gemüt noch.
Als ich nun über die Trümmer des Hauses und Hofes daherstieg,
Die noch rauchten, und so die Wohnung wüst und zerstört sah,
Kamst du zur andern Seite herauf und durchsuchtest die Stätte.
Dir war ein Pferd in dem Stalle verschüttet; die glimmenden Balken

Lagen darüber und Schutt, und nichts zu sehn war vom Tiere.
Also standen wir gegeneinander, bedenklich und traurig:
Denn die Wand war gefallen, die unsere Höfe geschieden.
Und du faßtest darauf mich bei der Hand an und sagtest:
Lieschen, wie kommst du hierher? Geh weg! du verbrennest die
Sohlen;
Denn der Schutt ist heiß, er sengt mir die stärkeren Stiefeln.
Und du hobest mich auf und trugst mich herüber, durch deinen
Hof weg. Da stand noch das Tor des Hauses mit seinem Gewölbe
Wie es jetzt steht: es war allein von allem geblieben.
Und du setztest mich nieder und küßtest mich, und ich verwehrt es
Aber du sagtest darauf mit freundlich bedeutenden Worten:
Siehe, das Haus liegt nieder. Bleib hier und hilf mir es bauen,
Und ich helfe dagegen auch deinem Vater an seinem.
Doch ich verstand dich nicht, bis du zum Vater die Mutter
Schicktest und schnell das Gelübd der fröhlichen Ehe vollbracht
war.
Noch erinnr ich mich heute des halbverbrannten Gebälkes
Freudig und sehe die Sonne noch immer so herrlich heraufgehn;
Denn mir gab der Tag den Gemahl, es haben die ersten
Zeiten der wilden Zerstörung den Sohn mir der Jugend gegeben
Darum lob ich dich, Hermann, daß du mit reinem Vertrauen
Auch ein Mädchen dir denkst in diesen traurigen Zeiten
Und es wagtest zu frein im Krieg und über den Trümmern.

Da versetzte sogleich der Vater lebhaft und sagte:
Die Gesinnung ist löblich, und wahr ist auch die Geschichte,
Mütterchen, die du erzählst; denn so ist alles begegnet.

Aber besser ist besser. Nicht einen jeden betrifft es,
Anzufangen von vorn sein ganzes Leben und Wesen;
Nicht soll jeder sich quälen, wie wir und andere taten.
O, wie glücklich ist der, dem Vater und Mutter das Haus schon
Wohlbestellt übergeben, und der mit Gedeihen es ausziert!
Aller Anfang ist schwer, am schwersten der Anfang der Wirtschaft.
Mancherlei Dinge bedarf der Mensch, und alles wird täglich
Teurer: da seh er sich vor, des Geldes mehr zu erwerben.
Und so hoff ich von dir, mein Hermann, daß du mir nächstens
In das Haus die Braut mit schöner Mitgift hereinführst;
Denn ein wackerer Mann verdient ein begütertes Mädchen,
Und es behaget so wohl, wenn mit dem gewünscheten Weibchen
Auch in Körben und Kasten die nützliche Gabe hereinkommt.
Nicht umsonst bereitet durch manche Jahre die Mutter
Viele Leinwand der Tochter, von feinem und starkem Gewebe;
Nicht umsonst verehren die Paten ihr Silbergeräte,
Und der Vater sondert im Pulte das seltene Goldstück:
Denn sie soll dereinst mit ihren Gütern und Gaben
Jenen Jüngling erfreun, der sie vor allen erwählt hat.
Ja, ich weiß, wie behaglich ein Weibchen im Hause sich findet,
Das ihr eignes Gerät in Küch und Zimmern erkennet
Und das Bette sich selbst und den Tisch sich selber gedeckt hat.
Nur wohl ausgestattet möcht ich im Hause die Braut sehn;
Denn die Arme wird doch nur zuletzt vom Manne verachtet,
Und er hält sie als Magd, die als Magd mit dem Bündel hereinkam.
Ungerecht bleiben die Männer, und die Zeiten der Liebe vergehen.
Ja, mein Hermann, du würdest mein Alter höchlich erfreuen,
Wenn du mir bald ins Haus ein Schwiegertöchterchen brächtest
Aus der Nachbarschaft her, aus jenem Hause, dem grünen.

Reich ist der Mann fürwahr: sein Handel und seine Fabriken
Machen ihn täglich reicher: denn wo gewinnt nicht der Kaufman
Nur drei Töchter sind da; sie teilen allein das Vermögen.
Schon ist die ältste bestimmt, ich weiß es; aber die zweite
Wie die dritte sind noch, und vielleicht nicht lange, zu haben.
Wär ich an deiner Statt, ich hätte bis jetzt nicht gezaudert,
Eins mir der Mädchen geholt, so wie ich das Mütterchen forttru

Da versetzte der Sohn bescheiden dem dringenden Vater:
Wirklich, mein Wille war auch, wie Eurer, eine der Töchter
Unsers Nachbars zu wählen. Wir sind zusammen erzogen,
Spielten neben dem Brunnen am Markt in früheren Zeiten,
Und ich habe sie oft vor der Knaben Wildheit beschützet.
Doch das ist lange schon her; es bleiben die wachsenden Mädch
Endlich billig zu Haus und fliehn die wilderen Spiele.
Wohlgezogen sind sie gewiß! Ich ging auch zuzeiten
Noch aus alter Bekanntschaft, so wie Ihr es wünschtet, hinüber
Aber ich konnte mich nie in ihrem Umgang erfreuen.
Denn sie tadelten stets an mir, das mußt ich ertragen:
Gar zu lang war mein Rock, zu grob das Tuch und die Farbe
Gar zu gemein und die Haare nicht recht gestutzt und gekräusel
Endlich hatt ich im Sinne, mich auch zu putzen, wie jene
Handelsbübchen, die stets am Sonntag drüben sich zeigen,
Und um die, halbseiden, im Sommer das Läppchen herumhäng
Aber noch früh genug merkt ich: sie hatten mich immer zum beste
Und das war mir empfindlich, mein Stolz war beleidigt; doch me
noch
Kränkte michs tief, daß so sie den guten Willen verkannten,

Den ich gegen sie hegte, besonders Minchen, die jüngste.
Denn so war ich zuletzt an Ostern hinübergegangen,
Hatte den neuen Rock, der jetzt nur oben im Schrank hängt,
Angezogen und war frisiert wie die übrigen Bursche.
Als ich eintrat, kicherten sie; doch zog ichs auf mich nicht.
Minchen saß am Klavier; es war der Vater zugegen,
Hörte die Töchterchen singen und war entzückt und in Laune.
Manches verstand ich nicht, was in den Liedern gesagt war;
Aber ich hörte viel von Pamina, viel von Tamino,
Und ich wollte doch auch nicht stumm sein! Sobald sie geendet,
Fragt ich dem Texte nach und nach den beiden Personen.
Alle schwiegen darauf und lächelten; aber der Vater
Sagte: Nicht wahr, mein Freund, Er kennt nur Adam und Eva?
Niemand hielt sich alsdann, und laut auf lachten die Mädchen,
Laut auf lachten die Knaben, es hielt den Bauch sich der Alte.
Fallen ließ ich den Hut vor Verlegenheit, und das Gekicher
Dauerte fort und fort, so viel sie auch sangen und spielten.
Und ich eilte beschämt und verdrießlich wieder nach Hause,
Hängte den Rock in den Schrank und zog die Haare herunter
Mit den Fingern und schwur, nicht mehr zu betreten die Schwelle.
Und ich hatte wohl recht; denn eitel sind sie und lieblos,
Und ich höre, noch heiß ich bei ihnen immer Tamino.

Da versetzte die Mutter: Du solltest, Hermann, so lange
Mit den Kindern nicht zürnen; denn Kinder sind sie ja sämtlich.
Minchen fürwahr ist gut und war dir immer gewogen;
Neulich fragte sie noch nach dir. Die solltest du wählen!

Da versetzte bedenklich der Sohn: Ich weiß nicht, es prägte
Jener Verdruß sich so tief bei mir ein, ich möchte fürwahr nicht
Sie am Klaviere mehr sehn und ihre Liedchen vernehmen.

Doch der Vater fuhr auf und sprach die zornigen Worte:
Wenig Freud erleb ich an dir! Ich sagt es doch immer,
Als du zu Pferden nur und Lust nur bezeigtest zum Acker:
Was ein Knecht schon verrichtet des wohlbegüterten Mannes,
Tust du; indessen muß der Vater des Sohnes entbehren,
Der ihm zur Ehre doch auch vor andern Bürgern sich zeigte.
Und so täuschte mich früh mit leerer Hoffnung die Mutter,
Wenn in der Schule das Lesen und Schreiben und Lernen dir niema
Wie den andern gelang und du immer der Unterste saßest.
Freilich! das kommt daher, wenn Ehrgefühl nicht im Busen
Eines Jünglings lebt, und wenn er nicht höher hinauf will.
Hätte mein Vater gesorgt für mich, so wie ich für dich tat,
Mich zur Schule gesendet und mir die Lehrer gehalten,
Ja, ich wäre was anders als Wirt zum goldenen Löwen.

Aber der Sohn stand auf und nahte sich schweigend der Türe,
Langsam und ohne Geräusch; allein der Vater, entrüstet,
Rief ihm nach: So gehe nur hin! ich kenne den Trotzkopf!
Geh und führe fortan die Wirtschaft, daß ich nicht schelte;
Aber denke nur nicht, du wollest ein bäurisches Mädchen
Je mir bringen ins Haus als Schwiegertochter, die Trulle!
Lange hab ich gelebt und weiß mit Menschen zu handeln,
Weiß zu bewirten die Herren und Frauen, daß sie zufrieden

Von mir weggehn; ich weiß den Fremden gefällig zu schmeicheln.
Aber so soll mir denn auch ein Schwiegertöchterchen endlich
Wieder begegnen und so mir die viele Mühe versüßen;
Spielen soll sie mir auch das Klavier; es sollen die schönsten,
Besten Leute der Stadt sich mit Vergnügen versammeln,
Wie es Sonntags geschieht im Hause des Nachbars. Da drückte
Leise der Sohn auf die Klinke, und so verließ er die Stube.

THALIA

Die Bürger

Also entwich der bescheidene Sohn der heftigen Rede;
Aber der Vater fuhr in der Art fort, wie er begonnen:
Was im Menschen nicht ist, kommt auch nicht aus ihm, und schwerlich
Wird mich des herzlichsten Wunsches Erfüllung jemals erfreuen,
Daß der Sohn dem Vater nicht gleich sei, sondern ein Beßrer.
Denn was wäre das Haus, was wäre die Stadt, wenn nicht immer
Jeder gedächte mit Lust zu erhalten und zu erneuen,
Und zu verbessern auch, wie die Zeit uns lehrt und das Ausland!
Soll doch nicht als ein Pilz der Mensch dem Boden entwachsen
Und verfaulen geschwind an dem Platze, der ihn erzeugt hat,
Keine Spur nachlassend von seiner lebendigen Wirkung!
Sieht man am Hause doch gleich so deutlich, wes Sinnes der Herr sei,
Wie man, das Städtchen betretend, die Obrigkeiten beurteilt.
Denn wo die Türme verfallen und Mauern, wo in den Gräben
Unrat sich häufet und Unrat auf allen Gassen herumliegt,
Wo der Stein aus der Fuge sich rückt und nicht wieder gesetzt wird,
Wo der Balken verfault und das Haus vergeblich die neue
Unterstützung erwartet: der Ort ist übel regieret.
Denn wo nicht immer von oben die Ordnung und Reinlichkeit wirket,
Da gewöhnet sich leicht der Bürger zu schmutzigem Saumsal,
Wie der Bettler sich auch an lumpige Kleider gewöhnet.
Darum hab ich gewünscht, es solle sich Hermann auf Reisen
Bald begeben und sehn zum wenigsten Straßburg und Frankfurt
Und das freundliche Mannheim, das gleich und heiter gebaut ist.
Denn wer die Städte gesehn, die großen und reinlichen, ruht nicht,
Künftig die Vaterstadt selbst, so klein sie auch sei, zu verzieren.

Lobt nicht der Fremde bei uns die ausgebesserten Tore
Und den geweißten Turm und die wohlerneuerte Kirche?
Rühmt nicht jeder das Pflaster? die wasserreichen, verdeckten,
Wohlverteilten Kanäle, die Nutzen und Sicherheit bringen,
Daß dem Feuer sogleich beim ersten Ausbruch gewehrt sei?
Ist das nicht alles geschehn seit jenem schrecklichen Brande?
Bauherr war ich sechsmal im Rat und habe mir Beifall,
Habe mir herzlichen Dank von guten Bürgern verdienet,
Was ich angab, emsig betrieben und so auch die Anstalt
Redlicher Männer vollführt, die sie unvollendet verließen.
So kam endlich die Lust in jedes Mitglied des Rates.
Alle bestreben sich jetzt, und schon ist der neue Chausseebau
Fest beschlossen, der uns mit der großen Straße verbindet.
Aber ich fürchte nur sehr, so wird die Jugend nicht handeln!
Denn die einen, sie denken auf Lust und vergänglichen Putz nur
Andere hocken zu Haus und brüten hinter dem Ofen.
Und, das fürcht ich, ein solcher wird Hermann immer mir bleiben

Und es versetzte sogleich die gute, verständige Mutter:
Immer bist du doch, Vater, so ungerecht gegen den Sohn! und
So wird am wenigsten dir dein Wunsch des Guten erfüllet.
Denn wir können die Kinder nach unserem Sinne nicht formen;
So wie Gott sie uns gab, so muß man sie haben und lieben,
Sie erziehen aufs beste und jeglichen lassen gewähren.
Denn der eine hat die, die anderen andere Gaben;
Jeder braucht sie, und jeder ist doch nur auf eigene Weise
Gut und glücklich. Ich lasse mir meinen Hermann nicht schelten
Denn, ich weiß es, er ist der Güter, die er dereinst erbt,

Wert und ein trefflicher Wirt, ein Muster Bürgern und Bauern
Und im Rate gewiß, ich seh es voraus, nicht der Letzte.
Aber täglich mit Schelten und Tadeln hemmst du dem Armen
Allen Mut in der Brust, so wie du es heute getan hast.
Und sie verließ die Stube sogleich und eilte dem Sohn nach,
Daß sie ihn irgendwo fänd und ihn mit gütigen Worten
Wieder erfreute; denn er, der treffliche Sohn, er verdient es.
Lächelnd sagte darauf, sobald sie hinweg war, der Vater:
Sind doch ein wunderlich Volk die Weiber, so wie die Kinder!
Jedes lebet so gern nach seinem eignen Belieben,
Und man sollte hernach nur immer loben und streicheln.
Einmal für allemal gilt das wahr Sprüchlein der Alten:
Wer nicht vorwärts geht, der kommt zurücke! So bleibt es.

Und es versetzte darauf der Apotheker bedächtig:
Gerne geb ich es zu, Herr Nachbar, und sehe mich immer
Selbst nach dem Besseren um, wofern es nicht teuer, doch neu ist;
Aber hilft es fürwahr, wenn man nicht die Fülle des Gelds hat,
Tätig und rührig zu sein und innen und außen zu bessern?
Nur zu sehr ist der Bürger beschränkt; das Gute vermag er
Nicht zu erlangen, wenn er es kennt. Zu schwach ist sein Beutel,
Das Bedürfnis zu groß; so wird er immer gehindert.
Manches hätt ich getan, allein wer scheut nicht die Kosten
Solcher Verändrung, besonders in diesen gefährlichen Zeiten!
Lange lachte mir schon mein Haus im modischen Kleidchen,
Lange glänzten durchaus mit großen Scheiben die Fenster:
Aber wer tut dem Kaufmann es nach, der bei seinem Vermögen
Auch die Wege noch kennt, auf welchen das Beste zu haben?

Seht nur das Haus an da drüben, das neue! Wie prächtig in grüne
Feldern die Stukkatur der weißen Schnörkel sich ausnimmt!
Groß sind die Tafeln der Fenster; wie glänzen und spiegeln die
Scheiben,
Daß verdunkelt stehn die übrigen Häuser des Marktes!
Und doch waren die unsern gleich nach dem Brande die schönster
Die Apotheke zum Engel so wie der goldene Löwe.
So war mein Garten auch in der ganzen Gegend berühmt, und
Jeder Reisende stand und sah durch die roten Staketen
Nach den Bettlern von Stein und nach den farbigen Zwergen.
Wem ich den Kaffee dann gar in dem herrlichen Grottenwerk
reichte,
Das nun freilich verstaubt und halb verfallen mir dasteht,
Der erfreute sich hoch des farbig schimmernden Lichtes
Schöngeordneter Muscheln; und mit geblendetem Auge
Schaute der Kenner selbst den Bleiglanz und die Korallen.
Ebenso ward in dem Saale die Malerei auch bewundert,
Wo die geputzten Herren und Damen im Garten spazieren
Und mit spitzigen Fingern die Blumen reichen und halten.
Ja, wer sähe das jetzt nur noch an! Ich gehe verdrießlich
Kaum mehr hinaus; denn alles soll anders sein und geschmackvol
Wie sie's heißen, und weiß die Latten und hölzernen Bänke.
Alles ist einfach und glatt; nicht Schnitzwerk oder Vergoldung
Will man mehr, und es kostet das fremde Holz nun am meisten.
Nun, ich wär es zufrieden, mir auch was Neues zu schaffen;
Auch zu gehn mit der Zeit und oft zu verändern den Hausrat;
Aber es fürchtet sich jeder, auch nur zu rücken das Kleinste,
Denn wer vermöchte wohl jetzt die Arbeitsleute zu zahlen?
Neulich kam mirs in Sinn, den Engel Michael wieder,

Der mir die Offizin bezeichnet, vergolden zu lassen,
Und den greulichen Drachen, der ihm zu Füßen sich windet;
Aber ich ließ ihn verbräunt, wie er ist: mich schreckte die Fordrung.

EUTERPE

Mutter und Sohn

Also sprachen die Männer, sich unterhaltend. Die Mutter
Ging indessen, den Sohn erst vor dem Hause zu suchen,
Auf der steinernen Bank, wo sein gewöhnlicher Sitz war.
Als sie daselbst ihn nicht fand, so ging sie, im Stalle zu schauen,
Ob er die herrlichen Pferde, die Hengste, selber besorgte,
Die er als Fohlen gekauft und die er niemand vertraute.
Und es sagte der Knecht: Er ist in den Garten gegangen.
Da durchschritt sie behende die langen doppelten Höfe,
Ließ die Ställe zurück und die wohlgezimmerten Scheunen,
Trat in den Garten, der weit bis an die Mauern des Städtchens
Reichte, schritt ihn hindurch und freute sich jeglichen Wachstums,
Stellte die Stützen zurecht, auf denen beladen die Äste
Ruhten des Apfelbaums wie des Birnbaums lastende Zweige,
Nahm gleich einige Raupen vom kräftig strotzenden Kohl weg;
Denn ein geschäftiges Weib tut keine Schritte vergebens.
Also war sie ans Ende des langen Gartens gekommen,
Bis zur Laube, mit Geißblatt bedeckt; nicht fand sie den Sohn da,
Ebensowenig, als sie bis jetzt ihn im Garten erblickte.
Aber nur angelehnt war das Pförtchen, das aus der Laube,
Aus besonderer Gunst, durch die Mauer des Städtchens gebrochen
Hatte der Ahnherr einst, der würdige Burgemeister.
Und so ging sie bequem den trocknen Graben hinüber,
Wo an der Straße sogleich der wohlumzäunete Weinberg
Aufstieg steileren Pfads, die Fläche zur Sonne gekehret.
Auch den schritt sie hinauf und freute der Fülle der Trauben
Sich im Steigen, die kaum sich unter den Blättern verbargen.
Schattig war und bedeckt der hohe mittlere Laubgang,
Den man auf Stufen erstieg von unbehauenen Platten.
Und es hingen herein Gutedel und Muskateller,

Rötlich blaue daneben von ganz besonderer Größe,
Alle mit Fleiße gepflanzt, der Gäste Nachtisch zu zieren.
Aber den übrigen Berg bedeckten einzelne Stöcke,
Kleinere Trauben tragend, von denen der köstliche Wein komm
Also schritt sie hinauf, sich schon des Herbstes erfreuend
Und des festlichen Tags, an dem die Gegend im Jubel
Trauben lieset und tritt und den Most in die Fässer versammelt,
Feuerwerke des Abends von allen Orten und Enden
Leuchten und knallen und so der Ernten schönste geehrt wird.
Doch unruhiger ging sie, nachdem sie dem Sohne gerufen
Zwei- auch dreimal und nur das Echo vielfach zurückkam,
Das von den Türmen der Stadt, ein sehr geschwätziges, herklan
Ihn zu suchen war ihr so fremd; er entfernte sich niemals
Weit, er sagt' es ihr denn, um zu verhüten die Sorge
Seiner liebenden Mutter und ihre Furcht vor dem Unfall.
Aber sie hoffte noch stets, ihn doch auf dem Wege zu finden;
Denn die Türen, die untre so wie die obre, des Weinbergs
Standen gleichfalls offen. Und so nun trat sie ins Feld ein,
Das mit weiter Fläche den Rücken des Hügels bedeckte.
Immer noch wandelte sie auf eigenem Boden und freute
Sich der eigenen Saat und des herrlich nickenden Kornes,
Das mit goldener Kraft sich im ganzen Felde bewegte.
Zwischen den Äckern schritt sie hindurch, auf dem Raine, den Fußpfad,
Hatte den Birnbaum im Auge, den großen, der auf dem Hügel
Stand, die Grenze der Felder, die ihrem Hause gehörten.
Wer ihn gepflanzt, man konnt es nicht wissen. Er war in der Gege
Weit und breit gesehn, und berühmt die Früchte des Baumes.
Unter ihm pflegten die Schnitter des Mahls sich zu freuen am Mitt

Und die Hirten des Viehs in seinem Schatten zu warten;
Bänke fanden sie da von rohen Steinen und Rasen.
Und sie irrete nicht: dort saß ihr Hermann und ruhte,
Saß mit dem Arme gestützt und schien in die Gegend zu schauen
Jenseits, nach dem Gebirg, er kehrte der Mutter den Rücken.
Sachte schlich sie hinan und rührt' ihm leise die Schulter.
Und er wandte sich schnell; da sah sie ihm Tränen im Auge.

Mutter, sagt' er betroffen, Ihr überrascht mich! Und eilig
Trocknet' er ab die Träne, der Jüngling edlen Gefühles.
Wie? du weinest, mein Sohn? versetzte die Mutter betroffen:
Daran kenn ich dich nicht! ich habe das niemals erfahren!
Sag, was beklemmt dir das Herz? was treibt dich, einsam zu sitzen,
Unter dem Birnbaum hier? was bringt dir Tränen ins Auge?

Und es nahm sich zusammen der treffliche Jüngling und sagte:
Wahrlich, dem ist kein Herz im ehernen Busen, der jetzo
Nicht die Not der Menschen, der umgetriebnen, empfindet;
Dem ist kein Sinn in dem Haupte, der nicht um sein eigenes Wohl sich
Und um des Vaterlands Wohl in diesen Tagen bekümmert.
Was ich heute gesehn und gehört, das rührte das Herz mir.
Und nun ging ich heraus und sah die herrliche weite
Landschaft, die sich vor uns in fruchtbaren Hügeln umherschlingt;
Sah die goldene Frucht den Garben entgegen sich neigen
Und ein reichliches Obst uns volle Kammern versprechen.
Aber, ach! wie nah ist der Feind! Die Fluten des Rheines

Schützen uns zwar; doch ach! was sind nun Fluten und Berge
Jenem schrecklichen Volke, das wie ein Gewitter daherzieht!
Denn sie rufen zusammen aus allen Enden die Jugend
Wie das Alter, und dringen gewaltig vor, und die Menge
Scheut den Tod nicht: es dringt gleich nach der Menge die Meng
Ach! und ein Deutscher wagt in seinem Hause zu bleiben?
Hofft vielleicht zu entgehen dem alles bedrohenden Unfall?
Liebe Mutter, ich sag Euch, am heutigen Tage verdrießt mich,
Daß man mich neulich entschuldigt, als man die Streitenden aus
Aus den Bürgern. Fürwahr! ich bin der einzige Sohn nur,
Und die Wirtschaft ist groß und wichtig unser Gewerbe;
Aber wär ich nicht besser, zu widerstehen da vorne
An der Grenze, als hier zu erwarten Elend und Knechtschaft?
Ja, mir hat es der Geist gesagt, und im innersten Busen
Regt sich Mut und Begier, dem Vaterlande zu leben
Und zu sterben und andern ein würdiges Beispiel zu geben.
Wahrlich, wäre die Kraft der deutschen Jugend beisammen,
An der Grenze, verbündet, nicht nachzugeben den Fremden,
O sie sollten uns nicht den herrlichen Boden betreten
Und vor unseren Augen die Früchte des Landes verzehren,
Nicht den Männern gebieten und rauben Weiber und Mädchen!
Sehet, Mutter, mir ist im tiefsten Herzen beschlossen,
Bald zu tun und gleich, was recht mir deucht und verständig;
Denn wer lange bedenkt, der wählt nicht immer das Beste.
Sehet, ich werde nicht wieder nach Hause kehren! Von hier au
Geh ich gerad in die Stadt und übergebe den Kriegern
Diesen Arm und dies Herz, dem Vaterlande zu dienen.
Sage der Vater alsdann, ob nicht der Ehre Gefühl mir
Auch den Busen belebt, und ob ich nicht höher hinauf will!

Da versetzte bedeutend die gute, verständige Mutter,
Stille Tränen vergießend, sie kamen ihr leichtlich ins Auge:
Sohn, was hat sich in dir verändert und deinem Gemüte,
Daß du zu deiner Mutter nicht redest, wie gestern und immer,
Offen und frei, und sagst, was deinen Wünschen gemäß ist?
Hörte jetzt ein Dritter dich reden, er würde fürwahr dich
Höchlich loben und deinen Entschluß als den edelsten preisen,
Durch dein Wort verführt und deine bedeutenden Reden.
Doch ich tadle dich nur; denn sieh, ich kenne dich besser.
Du verbirgst dein Herz und hast ganz andre Gedanken.
Denn ich weiß es, dich ruft nicht die Trommel, nicht die Trompete,
Nicht begehrst du zu scheinen in der Montur vor den Mädchen;
Denn es ist deine Bestimmung, so wacker und brav du auch sonst bist,
Wohl zu verwahren das Haus und stille das Feld zu besorgen.
Darum sage mir frei: was dringt dich zu dieser Entschließung?

Ernsthaft sagte der Sohn: Ihr irret, Mutter. Ein Tag ist
Nicht dem anderen gleich. Der Jüngling reifet zum Manne;
Besser im Stillen reift er zur Tat oft, als im Geräusche
Wilden, schwankenden Lebens, das manchen Jüngling verderbt hat.
Und so still ich auch bin und war, so hat in der Brust mir
Doch sich gebildet ein Herz, das Unrecht hasset und Unbill,
Und ich verstehe recht gut die weltlichen Dinge zu sondern;
Auch hat die Arbeit den Arm und die Füße mächtig gestärket.
Alles, fühl ich, ist wahr; ich darf es kühnlich behaupten.
Und doch tadelt Ihr mich mit Recht, o Mutter, und habt mich
Auf halbwahren Worten ertappt und halber Verstellung.

Denn, gesteh ich es nur, nicht ruft die nahe Gefahr mich
Aus dem Hause des Vaters, und nicht der hohe Gedanke,
Meinem Vaterland hülfreich zu sein und schrecklich den Feinde
Worte waren es nur, die ich sprach: sie sollten vor Euch nur
Meine Gefühle verstecken, die mir das Herz zerreißen.
Und so laßt mich, o Mutter! Denn da ich vergebliche Wünsche
Hege im Busen, so mag auch mein Leben vergeblich dahingehn
Denn ich weiß es recht wohl: der einzelne schadet sich selber,
Der sich hingibt, wenn sich nicht alle zum Ganzen bestreben.

Fahre nur fort, so sagte darauf die verständige Mutter,
Alles mir zu erzählen, das Größte wie das Geringste;
Denn die Männer sind heftig und denken nur immer das Letzte
Und die Hindernis treibt die Heftigen leicht von dem Wege;
Aber ein Weib ist geschickt, auf Mittel zu denken, und wandelt
Auch den Umweg, geschickt zu ihrem Zweck zu gelangen.
Sage mir alles daher, warum du so heftig bewegt bist,
Wie ich dich niemals gesehn, und das Blut dir wallt in den Ader
Wider Willen die Träne dem Auge sich dringt zu entstürzen.

Da überließ sich dem Schmerze der gute Jüngling und weinte,
Weinte laut an der Brust der Mutter und sprach so erweichet:
Wahrlich! des Vaters Wort hat heute mich kränkend getroffen,
Das ich niemals verdient, nicht heut und keinen der Tage.
Denn die Eltern zu ehren, war früh mein Liebstes, und nieman
Schien mir klüger zu sein und weiser, als die mich erzeugten
Und mit Ernst mir in dunkeler Zeit der Kindheit geboten.

Vieles hab ich fürwahr von meinen Gespielen geduldet,
Wenn sie mit Tücke mir oft den guten Willen vergalten;
Oftmals hab ich an ihnen nicht Wurf noch Streiche gerochen;
Aber spotteten sie mir den Vater aus, wenn er Sonntags
Aus der Kirche kam mit würdig bedächtigem Schritte;
Lachten sie über das Band der Mütze, die Blumen des Schlafrocks,
Den er so stattlich trug, und der erst heute verschenkt ward:
Fürchterlich ballte sich gleich die Faust mir, mit grimmigem Wüten
Fiel ich sie an und schlug und traf, mit blindem Beginnen,
Ohne zu sehen wohin. Sie heulten mit blutigen Nasen
Und entrissen sich kaum den wütenden Tritten und Schlägen.
Und so wuchs ich heran, um viel vom Vater zu dulden,
Der statt anderer mich gar oft mit Worten herumnahm,
Wenn bei Rat ihm Verdruß in der letzten Sitzung erregt ward;
Und ich büßte den Streit und die Ränke seiner Kollegen.
Oftmals habt Ihr mich selbst bedauert; denn vieles ertrug ich,
Stets in Gedanken der Eltern von Herzen zu ehrende Wohltat,
Die nur sinnen, für uns zu mehren die Hab und die Güter,
Und sich selber manches entziehn, um zu sparen den Kindern.
Aber, ach! nicht das Sparen allein, um spät zu genießen,
Macht das Glück, es macht nicht das Glück der Haufe beim Haufen.
Nicht der Acker am Acker, so schön sich die Güter auch schließen.
Denn der Vater wird alt, und mit ihm altern die Söhne,
Ohne die Freude des Tags, und mit der Sorge für morgen.
Sagt mir, und schauet hinab, wie herrlich liegen die schönen,
Reichen Gebreite nicht da, und unten Weinberg und Gärten,
Dort die Scheunen und Ställe, die schöne Reihe der Güter!
Aber seh ich dann dort das Hinterhaus, wo an dem Giebel
Sich das Fenster uns zeigt von meinem Stübchen im Dache;

Denk ich die Zeiten zurück, wie manche Nacht ich den Mond schc
Dort erwartet und schon so manchen Morgen die Sonne,
Wenn der gesunde Schlaf mir nur wenige Stunden genügte:
Ach! da kommt mir so einsam vor, wie die Kammer, der Hof ur
Garten, das herrliche Feld, das über die Hügel sich hinstreckt;
Alles liegt so öde vor mir: ich entbehre der Gattin.

Da antwortete drauf die gute Mutter verständig:
Sohn, mehr wünschest du nicht, die Braut in die Kammer zu führe
Daß dir werde die Nacht zur schönen Hälfte des Lebens,
Und die Arbeit des Tags dir freier und eigener werde,
Als der Vater es wünscht und die Mutter. Wir haben dir immer
Zugeredet, ja dich getrieben, ein Mädchen zu wählen.
Aber mir ist es bekannt, und jetzo sagt es das Herz mir:
Wenn die Stunde nicht kommt, die rechte, wenn nicht das rech
Mädchen zur Stunde sich zeigt, so bleibt das Wählen im weiten
Und es wirket die Furcht, die Falsche zu greifen, am meisten.
Soll ich dir sagen, mein Sohn, so hast du, ich glaube, gewählet,
Denn dein Herz ist getroffen und mehr als gewöhnlich empfindlic
Sag es gerad nur heraus, denn mir schon sagt es die Seele:
Jenes Mädchen ists, das vertriebene, die du gewählt hast.

Liebe Mutter, Ihr sagts! versetzte lebhaft der Sohn drauf.
Ja, sie ists! und führ ich sie nicht als Braut mir nach Hause
Heute noch, ziehet sie fort, verschwindet vielleicht mir auf imm
In der Verwirrung des Kriegs und im traurigen Hin- und Herzieh
Mutter, ewig umsonst gedeiht mir die reiche Besitzung

Dann vor Augen; umsonst sind künftige Jahre mir fruchtbar.
Ja, das gewohnte Haus und der Garten ist mir zuwider,
Ach! und die Liebe der Mutter, sie selbst nicht tröstet den Armen.
Denn es löset die Liebe, das fühl ich, jegliche Bande,
Wenn sie die ihrigen knüpft; und nicht das Mädchen allein läßt
Vater und Mutter zurück, wenn sie dem erwähleten Mann folgt;
Auch der Jüngling, er weiß nichts mehr von Mutter und Vater,
Wenn er das Mädchen sieht, das einziggeliebte, davonziehn.
Darum lasset mich gehn, wohin die Verzweiflung mich antreibt.
Denn mein Vater, er hat die entscheidenden Worte gesprochen,
Und sein Haus ist nicht mehr das meine, wenn er das Mädchen
Ausschließt, das ich allein nach Haus zu führen begehre.

Da versetzte behend die gute, verständige Mutter:
Stehen wie Felsen doch zwei Männer gegeneinander!
Unbewegt und stolz will keiner dem andern sich nähern,
Keiner zum guten Worte, dem ersten, die Zunge bewegen.
Darum sag ich dir, Sohn: noch lebt die Hoffnung in meinem
Herzen, daß er sie dir, wenn sie gut und brav ist, verlobe,
Obgleich arm, so entschieden er auch die Arme versagt hat.
Denn er redet gar manches in seiner heftigen Art aus,
Das er doch nicht vollbringt; so gibt er auch zu das Versagte.
Aber ein gutes Wort verlangt er, und kann es verlangen;
Denn er ist Vater! Auch wissen wir wohl, sein Zorn ist nach Tische,
Wo er heftiger spricht und anderer Gründe bezweifelt,
Nie bedeutend: es reget der Wein dann jegliche Kraft auf
Seines heftigen Wollens und läßt ihn die Worte der andern
Nicht vernehmen, er hört und fühlt alleine sich selber.

Aber es kommt der Abend heran, und die vielen Gespräche
Sind nun zwischen ihm und seinen Freunden gewechselt.
Milder ist er fürwahr, ich weiß, wenn das Räuschchen vorbei ist
Und er das Unrecht fühlt, das er andern lebhaft erzeigte.
Komm! wir wagen es gleich: das Frischgewagte gerät nur,
Und wir bedürfen der Freunde, die jetzo bei ihm noch versammelt
Sitzen; besonders wird uns der würdige Geistliche helfen.

Also sprach sie behende und zog, vom Steine sich hebend,
Auch vom Sitze den Sohn, den willig folgenden. Beide
Kamen schweigend herunter, den wichtigen Vorsatz bedenkend

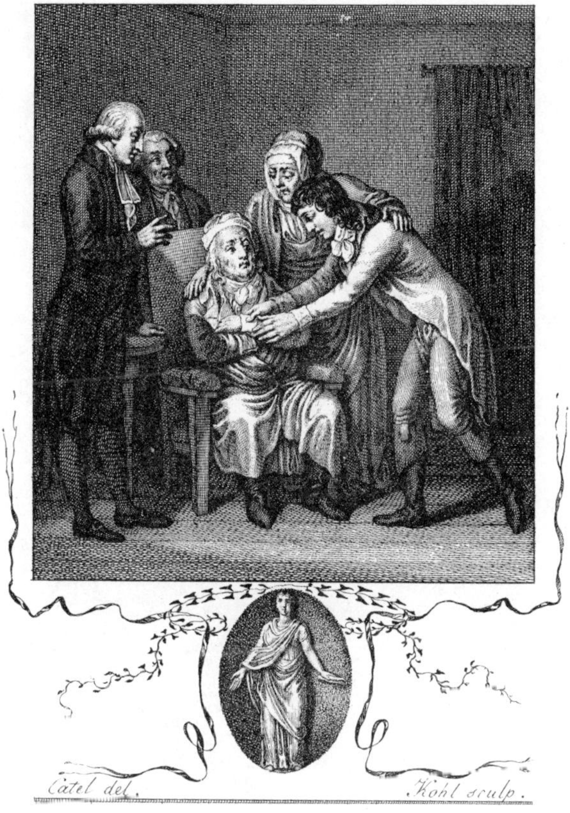

POLYHYMNIA

Der Weltbürger

Aber es saßen die Drei noch immer sprechend zusammen,
Mit dem geistlichen Herrn der Apotheker beim Wirte,
Und es war das Gespräch noch immer ebendasselbe,
Das viel hin und her nach allen Seiten geführt ward.
Aber der treffliche Pfarrer versetzte, würdig gesinnt, drauf:
Widersprechen will ich euch nicht. Ich weiß es, der Mensch soll
Immer streben zum Bessern; und, wie wir sehen, er strebt auch
Immer dem Höheren nach, zum wenigsten sucht er das Neue.
Aber geht nicht zu weit! Denn neben diesen Gefühlen
Gab die Natur uns auch die Lust, zu verharren im Alten
Und sich dessen zu freun, was jeder lange gewohnt ist.
Aller Zustand ist gut, der natürlich ist und vernünftig.
Vieles wünscht sich der Mensch, und doch bedarf er nur wenig;
Denn die Tage sind kurz und beschränkt der Sterblichen Schicksal.
Niemals tadl ich den Mann, der immer, tätig und rastlos
Umgetrieben, das Meer und alle Straßen der Erde
Kühn und emsig befährt und sich des Gewinnes erfreuet,
Welcher sich reichlich um ihn und um die Seinen herumhäuft.
Aber jener ist auch mir wert, der ruhige Bürger,
Der sein väterlich Erbe mit stillen Schritten umgehet
Und die Erde besorgt, so wie es die Stunden gebieten.
Nicht verändert sich ihm in jedem Jahre der Boden,
Nicht streckt eilig der Baum, der neugepflanzte, die Arme
Gegen den Himmel aus, mit reichlichen Blüten gezieret.
Nein, der Mann bedarf der Geduld; er bedarf auch des reinen,
Immer sich gleichen, ruhigen Sinns und des graden Verstandes.
Denn nur wenige Samen vertraut er der nährenden Erde,
Wenige Tiere nur versteht er, mehrend, zu ziehen;
Denn das Nützliche bleibt allein sein ganzer Gedanke.

Glücklich, wem die Natur ein so gestimmtes Gemüt gab!
Er ernähret uns alle. Und Heil dem Bürger des kleinen
Städtchens, der ländlich Gewerb mit Bürgergewerbe gepaaret!
Auf ihm liegt nicht der Druck, der ängstlich den Landmann
beschränket;
Ihn verwirrt nicht die Sorge der vielbegehrenden Städter,
Die dem Reicheren stets und dem Höheren, wenig vermögend,
Nachzustreben gewohnt sind, besonders die Weiber und Mädchen
Segnet immer darum des Sohnes ruhig Bemühen
Und die Gattin, die einst er, die gleichgesinnte, sich wählet.

Also sprach er. Es trat die Mutter zugleich mit dem Sohn ein.
Führend ihn bei der Hand und vor den Gatten ihn stellend.
Vater, sprach sie, wie oft gedachten wir, untereinander
Schwatzend, des fröhlichen Tags, der kommen würde, wenn künft
Hermann, seine Braut sich erwählend, uns endlich erfreute!
Hin und wider dachten wir da; bald dieses, bald jenes
Mädchen bestimmten wir ihm mit elterlichem Geschwätze.
Nun ist er kommen, der Tag; nun hat die Braut ihm der Himm
Hergeführt und gezeigt, es hat sein Herz nun entschieden.
Sagten wir damals nicht immer, er solle selber sich wählen?
Wünschtest du nicht noch vorhin, er möchte heiter und lebhaft
Für ein Mädchen empfinden? Nun ist die Stunde gekommen!
Ja, er hat gefühlt und gewählt und ist männlich entschieden.
Jenes Mädchen ists, die Fremde, die ihm begegnet.
Gib sie ihm; oder er bleibt, so schwur er, im ledigen Stande.

Und es sagte der Sohn: Die gebt mir, Vater! Mein Herz hat
Rein und sicher gewählt; Euch ist sie die würdigste Tochter.

Aber der Vater schwieg. Da stand der Geistliche schnell auf,
Nahm das Wort und sprach: Der Augenblick nur entscheidet
Über das Leben des Menschen und über sein ganzes Geschicke;
Denn nach langer Beratung ist doch ein jeder Entschluß nur
Werk des Moments, es ergreift doch nur der Verständige das Rechte.
Immer gefährlicher ists, beim Wählen dieses und jenes
Nebenher zu bedenken und so das Gefühl zu verwirren.
Rein ist Hermann; ich kenn ihn von Jugend auf; und er streckte
Schon als Knabe die Hände nicht aus nach diesem und jenem.
Was er begehrte, das war ihm gemäß; so hielt er es fest auch.
Seid nicht scheu und verwundert, daß nun auf einmal erscheinet,
Was Ihr so lange gewünscht. Es hat die Erscheinung fürwahr nicht
Jetzt die Gestalt des Wunsches, so wie Ihr ihn etwa geheget.
Denn die Wünsche verhüllen uns selbst das Gewünschte; die Gaben
Kommen von oben herab, in ihren eignen Gestalten.
Nun verkennet es nicht, das Mädchen, das Eurem geliebten,
Guten, verständigen Sohn zuerst die Seele bewegt hat.
Glücklich ist der, dem sogleich die erste Geliebte die Hand reicht,
Dem der lieblichste Wunsch nicht heimlich im Herzen
verschmachtet!
Ja, ich seh es ihm an, es ist sein Schicksal entschieden.
Wahre Neigung vollendet sogleich zum Manne den Jüngling.
Nicht beweglich ist er; ich fürchte, versagt Ihr ihm dieses,
Gehen die Jahre dahin, die schönsten, in traurigem Leben.

Da versetzte sogleich der Apotheker bedächtig,
Dem schon lange das Wort von der Lippe zu springen bereit wa
Laßt uns auch diesmal doch nur die Mittelstraße betreten!
Eile mit Weile! das war selbst Kaiser Augustus' Devise.
Gerne schick ich mich an, den lieben Nachbarn zu dienen,
Meinen geringen Verstand zu ihrem Nutzen zu brauchen:
Und besonders bedarf die Jugend, daß man sie leite.
Laßt mich also hinaus; ich will es prüfen, das Mädchen,
Will die Gemeinde befragen, in der sie lebt und bekannt ist.
Niemand betrügt mich so leicht; ich weiß die Worte zu schätzen

Da versetzte sogleich der Sohn mit geflügelten Worten:
Tut es, Nachbar, und geht und erkundigt Euch. Aber ich wünsch
Daß der Herr Pfarrer sich auch in Eurer Gesellschaft befinde:
Zwei so treffliche Männer sind unverwerfliche Zeugen.
O, mein Vater! sie ist nicht hergelaufen, das Mädchen,
Keine, die durch das Land auf Abenteuer umherschweift
Und den Jüngling bestrickt, den unerfahrnen, mit Ränken.
Nein! das wilde Geschick des allverderblichen Krieges,
Das die Welt zerstört und manches feste Gebäude
Schon aus dem Grunde gehoben, hat auch die Arme vertrieben.
Streifen nicht herrliche Männer von hoher Geburt nun im Elenc
Fürsten fliehen vermummt, und Könige leben verbannet.
Ach, so ist auch sie, von ihren Schwestern die beste,
Aus dem Lande getrieben; ihr eignes Unglück vergessend,
Steht sie anderen bei, ist ohne Hülfe noch hülfreich.
Groß sind Jammer und Not, die über die Erde sich breiten:
Sollte nicht auch ein Glück aus diesem Unglück hervorgehn,

Und ich, im Arme der Braut, der zuverlässigen Gattin,
Mich nicht erfreuen des Kriegs, so wie Ihr des Brandes Euch freutet?

Da versetzte der Vater und tat bedeutend den Mund auf:
Wie ist, o Sohn, dir die Zunge gelöst, die schon dir im Munde
Lange Jahre gestockt und nur sich dürftig bewegte!
Muß ich doch heut erfahren, was jedem Vater gedroht ist:
Daß den Willen des Sohns, den heftigen, gerne die Mutter
Allzu gelind begünstigt und jeder Nachbar Partei nimmt,
Wenn es über den Vater nur hergeht oder den Ehmann.
Aber ich will euch zusammen nicht widerstehen: was hülf es?
Denn ich sehe doch schon hier Trotz und Tränen im voraus.
Gehet und prüfet und bringt in Gottes Namen die Tochter
Mir ins Haus; wo nicht, so mag er das Mädchen vergessen.

Also der Vater. Es rief der Sohn mit froher Gebärde:
Noch vor Abend ist Euch die trefflichste Tochter bescheret,
Wie sie der Mann sich wünscht, dem ein kluger Sinn in der Brust lebt.
Glücklich ist die Gute dann auch, so darf ich es hoffen.
Ja, sie danket mir ewig, daß ich ihr Vater und Mutter
Wiedergegeben in euch, so wie sie verständige Kinder
Wünschen. Aber ich zaudre nicht mehr: ich schirre die Pferde
Gleich und führe die Freunde hinaus auf die Spur der Geliebten,
Überlasse die Männer sich selbst und der eigenen Klugheit,
Richte, so schwör ich euch zu, mich ganz nach ihrer Entscheidung,
Und ich seh es nicht wieder, als bis es mein ist, das Mädchen.

Und so ging er hinaus, indessen manches die andern
Weislich erwogen und schnell die wichtige Sache besprachen.

Hermann eilte zum Stalle sogleich, wo die mutigen Hengste
Ruhig standen und rasch den reinen Hafer verzehrten
Und das trockene Heu, auf der besten Wiese gehauen.
Eilig legt' er ihnen darauf das blanke Gebiß an,
Zog die Riemen sogleich durch die schön versilberten Schnallen
Und befestigte dann die langen, breiteren Zügel,
Führte die Pferde heraus in den Hof, wo der willige Knecht sch
Vorgeschoben die Kutsche, sie leicht an der Deichsel bewegend
Abgemessen knüpften sie drauf an die Waage mit saubern
Stricken die rasche Kraft der leicht hinziehenden Pferde.
Hermann faßte die Peitsche; dann saß er und rollt' in den Torwe
Als die Freunde nun gleich die geräumigen Plätze genommen,
Rollte der Wagen eilig und ließ das Pflaster zurücke,
Ließ zurück die Mauern der Stadt und die reinlichen Türme.
So fuhr Hermann dahin, der wohlbekannten Chaussee zu,
Rasch und säumete nicht und fuhr bergan wie bergunter.
Als er aber nunmehr den Turm des Dorfes erblickte,
Und nicht fern mehr lagen die gartenumgebenen Häuser,
Dacht er bei sich selbst, nun anzuhalten die Pferde.

Von dem würdigen Dunkel erhabener Linden umschattet,
Die Jahrhunderte schon an dieser Stelle gewurzelt,
War mit Rasen bedeckt ein weiter, grünender Anger
Vor dem Dorfe, den Bauern und nahen Städtern ein Lustort.

Flach gegraben befand sich unter den Bäumen ein Brunnen.
Stieg man die Stufen hinab, so zeigten sich steinerne Bänke,
Rings um die Quelle gesetzt, die immer lebendig hervorquoll,
Reinlich, mit niedriger Mauer gefaßt, zu schöpfen bequemlich.
Hermann aber beschloß, in diesem Schatten die Pferde
Mit dem Wagen zu halten. Er tat so und sagte die Worte:
Steiget, Freunde, nun aus und geht, damit ihr erfahret,
Ob das Mädchen auch wert der Hand sei, die ich ihr biete.
Zwar ich glaub es, und mir erzählt ihr nichts Neues und Seltnes;
Hätt ich allein zu tun, so ging' ich behend zu dem Dorf hin,
Und mit wenigen Worten entschiede die Gute mein Schicksal.
Und ihr werdet sie bald vor allen andern erkennen;
Denn wohl schwerlich ist an Bildung ihr Eine vergleichbar.
Aber ich geb euch noch die Zeichen der reinlichen Kleider:
Denn der rote Latz erhebt den gewölbeten Busen,
Schön geschnürt, und es liegt das schwarze Mieder ihr knapp an;
Sauber hat sie den Saum des Hemdes zur Krause gefaltet,
Die ihr das Kinn umgibt, das runde, mit reinlicher Anmut;
Frei und heiter zeigt sich des Kopfes zierliches Eirund;
Stark sind vielmal die Zöpfe um silberne Nadeln gewickelt;
Vielgefaltet und blau fängt unter dem Latze der Rock an
Und umschlägt ihr im Gehn die wohlgebildeten Knöchel.
Doch das will ich euch sagen und noch mir ausdrücklich erbitten:
Redet nicht mit dem Mädchen und laßt nicht merken die Absicht,
Sondern befraget die andern und hört, was sie alles erzählen.
Habt ihr Nachricht genug, zu beruhigen Vater und Mutter,
Kehret zu mir dann zurück, und wir bedenken das Weitre.
Also dacht ich mirs aus, den Weg her, den wir gefahren.

Also sprach er. Es gingen darauf die Freunde dem Dorf zu,
Wo in Gärten und Scheunen und Häusern die Menge von Mensche
Wimmelte, Karrn an Karrn die breite Straße dahin stand.
Männer versorgten das brüllende Vieh und die Pferd an den Wage
Wäsche trockneten emsig auf allen Hecken die Weiber,
Und es ergötzten die Kinder sich plätschernd im Wasser des Bache
Also durch die Wagen sich drängend, durch Menschen und Tier
Sahen sie rechts und links sich um, die gesendeten Späher,
Ob sie nicht etwa das Bild des bezeichneten Mädchens erblickte
Aber keine von allen erschien die herrliche Jungfrau.
Stärker fanden sie bald das Gedränge. Da war um die Wagen
Streit der drohenden Männer, worein sich mischten die Weiber,
Schreiend. Da nahte sich schnell mit würdigen Schritten ein Alte
Trat zu den Scheltenden hin; und sogleich verklang das Getöse,
Als er Ruhe gebot und väterlich ernst sie bedrohte.
Hat uns, rief er, noch nicht das Unglück also gebändigt,
Daß wir endlich verstehn, uns untereinander zu dulden
Und zu vertragen, wenn auch nicht jeder die Handlungen abmiß
Unverträglich fürwahr ist der Glückliche! Werden die Leiden
Endlich euch lehren, nicht mehr, wie sonst, mit dem Bruder zu
hadern?
Gönnet einander den Platz auf fremdem Boden und teilet,
Was ihr habet, zusammen, damit ihr Barmherzigkeit findet.

Also sagte der Mann, und alle schwiegen; verträglich
Ordneten Vieh und Wagen die wieder besänftigten Menschen.
Als der Geistliche nun die Rede des Mannes vernommen
Und den ruhigen Sinn des fremden Richters entdeckte,

Trat er an ihn heran und sprach die bedeutenden Worte:
Vater, fürwahr! wenn das Volk in glücklichen Tagen dahinlebt,
Von der Erde sich nährend, die weit und breit sich auftut
Und die erwünschten Gaben in Jahren und Monden erneuert,
Da geht alles von selbst, und jeder ist sich der Klügste,
Wie der Beste; und so bestehen sie nebeneinander,
Und der vernünftigste Mann ist wie ein andrer gehalten:
Denn was alles geschieht, geht still, wie von selber, den Gang fort.
Aber zerrüttet die Not die gewöhnlichen Wege des Lebens,
Reißt das Gebäude nieder und wühlet Garten und Saat um,
Treibt den Mann und das Weib vom Raume der traulichen
Wohnung,
Schleppt in die Irre sie fort, durch ängstliche Tage und Nächte:
Ach! da sieht man sich um, wer wohl der verständigste Mann sei,
Und er redet nicht mehr die herrlichen Worte vergebens.
Sagt mir, Vater, Ihr seid gewiß der Richter von diesen
Flüchtigen Männern, der Ihr sogleich die Gemüter beruhigt?
Ja, Ihr erscheint mir heut als einer der ältesten Führer
Die durch Wüsten und Irren vertriebene Völker geleitet.
Denk ich doch eben, ich rede mit Josua oder mit Moses.

Und es versetzte darauf mit ernstem Blicke der Richter:
Wahrlich, unsere Zeit vergleicht sich den seltensten Zeiten,
Die die Geschichte bemerkt, die heilige wie die gemeine.
Denn wer gestern und heut in diesen Tagen gelebt hat,
Hat schon Jahre gelebt: so drängen sich alle Geschichten.
Denk ich ein wenig zurück, so scheint mir ein graues Alter
Auf dem Haupte zu liegen, und doch ist die Kraft noch lebendig.

O, wir anderen dürfen uns wohl mit jenen vergleichen,
Denen in ernster Stund erschien im feurigen Busche
Gott der Herr: auch uns erschien er in Wolken und Feuer.

Als nun der Pfarrer darauf noch weiter zu sprechen geneigt war
Und das Schicksal des Manns und der Seinen zu hören verlangt
Sagte behend der Gefährte mit heimlichen Worten ins Ohr ihm
Sprecht mit dem Richter nur fort und bringt das Gespräch auf d
Mädchen.
Aber ich gehe herum, sie aufzusuchen, und komme
Wieder, sobald ich sie finde. Es nickte der Pfarrer dagegen,
Und durch die Hecken und Gärten und Scheunen suchte der
Späher.

KLIO

Das Zeitalter

Als nun der geistliche Herr den fremden Richter befragte,
Was die Gemeine gelitten, wie lang sie von Hause vertrieben,
Sagte der Mann darauf: Nicht kurz sind unsere Leiden;
Denn wir haben das Bittre der sämtlichen Jahre getrunken,
Schrecklicher, weil auch uns die schönste Hoffnung zerstört ward.
Denn wer leugnet es wohl, daß hoch sich das Herz ihm erhoben,
Ihm die freiere Brust mit reineren Pulsen geschlagen,
Als sich der erste Glanz der neuen Sonne heranhob,
Als man hörte vom Rechte der Menschen, das allen gemein sei,
Von der begeisternden Freiheit und von der löblichen Gleichheit!
Damals hoffte jeder, sich selbst zu leben; es schien sich
Aufzulösen das Band, das viele Länder umstrickte,
Das der Müßiggang und der Eigennutz in der Hand hielt.
Schauten nicht alle Völker in jenen drängenden Tagen
Nach der Hauptstadt der Welt, die es schon so lange gewesen
Und jetzt mehr als je den herrlichen Namen verdiente?
Waren nicht jener Männer, der ersten Verkünder der Botschaft,
Namen den höchsten gleich, die unter die Sterne gesetzt sind?
Wuchs nicht jeglichem Menschen der Mut und der Geist und die
Sprache?

Und wir waren zuerst, als Nachbarn, lebhaft und entzündet.
Drauf begann der Krieg, und die Züge bewaffneter Franken
Rückten näher; allein sie schienen nur Freundschaft zu bringen.
Und sie brachten sie auch: denn ihnen erhöht war die Seele
Allen; sie pflanzten mit Lust die munteren Bäume der Freiheit,
Jedem das Seine versprechend und jedem die eigne Regierung;
Hoch erfreute sich da die Jugend, sich freute das Alter,

Und der muntere Tanz begann um die neue Standarte.
So gewannen sie bald, die überwiegenden Franken,
Erst der Männer Geist, mit feurigem, munterm Beginnen,
Dann die Herzen der Weiber, mit unwiderstehlicher Anmut.
Leicht selbst schien uns der Druck des vielbedürfenden Krieges;
Denn die Hoffnung umschwebte vor unsern Augen die Ferne,
Lockte die Blicke hinaus in neueröffnete Bahnen.

O, wie froh ist die Zeit, wenn mit der Braut sich der Bräutgam
Schwinget im Tanze, den Tag der gewünschten Verbindung
erwartend!
Aber herrlicher war die Zeit, in der uns das Höchste,
Was der Mensch sich denkt, als nah und erreichbar sich zeigte.
Da war jedem die Zunge gelöst; es sprachen die Greise,
Männer und Jünglinge laut voll hohen Sinns und Gefühles.

Aber der Himmel trübte sich bald. Um den Vorteil der Herrscha
Stritt ein verderbtes Geschlecht, unwürdig, das Gute zu schaffen
Sie ermordeten sich und unterdrückten die neuen
Nachbarn und Brüder und sandten die eigennützige Menge.
Und es praßten bei uns die Obern und raubten im Großen,
Und es raubten und praßten bis zu dem Kleinsten die Kleinen;
Jeder schien nur besorgt, es bleibe was übrig für morgen.
Allzu groß war die Not, und täglich wuchs die Bedrückung;
Niemand vernahm das Geschrei, sie waren die Herren des Tage
Da fiel Kummer und Wut auch selbst ein gelaßnes Gemüt an,
Jeder sann nur und schwur, die Beleidigung alle zu rächen

Und den bittern Verlust der doppelt betrogenen Hoffnung.
Und es wendete sich das Glück auf die Seite der Deutschen,
Und der Franke floh mit eiligen Märschen zurücke.
Ach, da fühlten wir erst das traurige Schicksal des Krieges!
Denn der Sieger ist groß und gut; zum wenigsten scheint ers,
Und er schonet den Mann, den besiegten, als wär er der seine,
Wenn er ihm täglich nützt und mit Gütern ihm dienet.
Aber der Flüchtige kennt kein Gesetz; denn er wehrt nur den Tod ab,
Und verzehret nur schnell und ohne Rücksicht die Güter.
Dann ist sein Gemüt auch erhitzt, und es kehrt die Verzweiflung
Aus dem Herzen hervor das frevelhafte Beginnen.
Nichts ist heilig ihm mehr: er raubt es. Die wilde Begierde
Dringt mit Gewalt auf das Weib und macht die Lust zum Entsetzen.
Überall sieht er den Tod, und genießt die Minuten
Grausam, freut sich des Bluts, und freut sich des heulenden Jammers.

Grimmig erhob sich darauf in unsern Männern die Wut nun,
Das Verlorne zu rächen und zu verteidigen die Reste.
Alles ergriff die Waffen, gelockt von der Eile des Flüchtlings
Und vom blassen Gesicht und scheu unsicheren Blicke.
Rastlos nun erklang das Getön der stürmenden Glocke,
Und die künftige Gefahr hielt nicht die grimmige Wut auf.
Schnell verwandelte sich des Feldbaus friedliche Rüstung
Nun in Wehre; da troff von Blute Gabel und Sense.
Ohne Begnadigung fiel der Feind und ohne Verschonung;
Überall raste die Wut und die feige, tückische Schwäche.
Möcht ich den Menschen doch nie in dieser schnöden Verirrung
Wieder sehn! Das wütende Tier ist ein besserer Anblick.

Sprech er doch nie von Freiheit, als könn er sich selber regieren
Losgebunden erscheint, sobald die Schranken hinweg sind,
Alles Böse, das tief das Gesetz in die Winkel zurücktrieb.

Trefflicher Mann! versetzte darauf der Pfarrer mit Nachdruck:
Wenn Ihr den Menschen verkennt, so kann ich Euch darum nic
schelten;
Habt Ihr doch Böses genug erlitten vom wüsten Beginnen!
Wolltet Ihr aber zurück die traurigen Tage durchschauen,
Würdet Ihr selber gestehen, wie oft Ihr auch Gutes erblicktet,
Manches Treffliche, das verborgen bleibt in dem Herzen,
Regt die Gefahr es nicht auf, und drängt die Not nicht den
Menschen,
Daß er als Engel sich zeig, erscheine den andern ein Schutzgott.

Lächelnd versetzte darauf der alte würdige Richter:
Ihr erinnert mich klug, wie oft nach dem Brande des Hauses
Man den betrübten Besitzer an Gold und Silber erinnert,
Das geschmolzen im Schutt nun überblieben zerstreut liegt.
Wenig ist es fürwahr, doch auch das Wenige köstlich;
Und der Verarmte gräbet ihm nach und freut sich des Fundes.
Und so kehr ich auch gern die heitern Gedanken zu jenen
Wenigen guten Taten, die aufbewahrt das Gedächtnis.
Ja, ich will es nicht leugnen, ich sah sich Feinde versöhnen,
Um die Stadt vom Übel zu retten; ich sah auch der Freunde,
Sah der Eltern Lieb und der Kinder Unmögliches wagen;
Sah, wie der Jüngling auf einmal zum Mann ward, sah, wie der Gr
sich

Wieder verjüngte, das Kind sich selbst als Jüngling enthüllte.
Ja, und das schwache Geschlecht, so wie es gewöhnlich genannt wird,
Zeigte sich tapfer und mächtig und gegenwärtigen Geistes.
Und so laßt mich vor allen der schönen Tat noch erwähnen,
Die hochherzig ein Mädchen vollbrachte, die treffliche Jungfrau,
Die auf dem großen Gehöft allein mit den Mädchen zurückblieb;
Denn es waren die Männer auch gegen die Fremden gezogen.
Da überfiel den Hof ein Trupp verlaufnen Gesindels,
Plündernd, und drängte sogleich sich in die Zimmer der Frauen.
Sie erblickten das Bild der schön erwachsenen Jungfrau
Und die lieblichen Mädchen, noch eher Kinder zu heißen.
Da ergriff sie wilde Begier; sie stürmten gefühllos
Auf die zitternde Schar und aufs hochherzige Mädchen.
Aber sie riß dem einen sogleich von der Seite den Säbel,
Hieb ihn nieder gewaltig; er stürzt' ihr blutend zu Füßen.
Dann mit männlichen Streichen befreite sie tapfer die Mädchen,
Traf noch viere der Räuber; doch die entflohen dem Tode.
Dann verschloß sie den Hof und harrte der Hülfe, bewaffnet.

Als der Geistliche nun das Lob des Mädchens vernommen,
Stieg die Hoffnung sogleich für seinen Freund im Gemüt auf,
Und er war im Begriff zu fragen, wohin sie geraten?
Ob auf der traurigen Flucht sie nun mit dem Volk sich befinde?

Aber da trat herbei der Apotheker behende,
Zupfte den geistlichen Herrn und sagte die wispernden Worte:

Hab ich doch endlich das Mädchen aus vielen hundert gefunden
Nach der Beschreibung! So kommt und sehet sie selber mit Augen
Nehmet den Richter mit Euch, damit wir das Weitere hören.
Und sie kehrten sich um, und weg war gerufen der Richter
Von den Seinen, die ihn, bedürftig des Rates, verlangten.
Doch es folgte sogleich dem Apotheker der Pfarrherr
An die Lücke des Zauns, und jener deutete listig.
Seht Ihr, sagt' er, das Mädchen? Sie hat die Puppe gewickelt,
Und ich erkenne genau den alten Kattun und den blauen
Kissenüberzug wohl, den ihr Hermann im Bündel gebracht hat.
Sie verwendete schnell, fürwahr, und gut die Geschenke.
Diese sind deutliche Zeichen, es treffen die übrigen alle:
Denn der rote Latz erhebt den gewölbeten Busen,
Schön geschnürt, und es liegt das schwarze Mieder ihr knapp an
Sauber ist der Saum des Hemdes zur Krause gefaltet
Und umgibt ihr das Kinn, das runde, mit reinlicher Anmut;
Frei und heiter zeigt sich des Kopfes zierliches Eirund,
Und die starken Zöpfe um silberne Nadeln gewickelt;
Sitzt sie gleich, so sehen wir doch die treffliche Größe,
Und den blauen Rock, der, vielgefaltet, vom Busen
Reichlich herunterwallt zum wohlgebildeten Knöchel.
Ohne Zweifel, sie ists. Drum kommet, damit wir vernehmen,
Ob sie gut und tugendhaft sei, ein häusliches Mädchen.

Da versetzte der Pfarrer, mit Blicken die Sitzende prüfend:
Daß sie den Jüngling entzückt, fürwahr, es ist mir kein Wunder;
Denn sie hält vor dem Blick des erfahrenen Mannes die Probe.
Glücklich, wem doch Mutter Natur die rechte Gestalt gab!

Denn sie empfiehlet ihn stets, und nirgends ist er ein Fremdling:
Jeder nahet sich gern, und jeder möchte verweilen,
Wenn die Gefälligkeit nur sich zu der Gestalt noch gesellet.
Ich versichr Euch, es ist dem Jüngling ein Mädchen gefunden,
Das ihm die künftigen Tage des Lebens herrlich erheitert,
Treu mit weiblicher Kraft durch alle Zeiten ihm beisteht.
So ein vollkommener Körper gewiß verwahrt auch die Seele
Rein, und die rüstige Jugend verspricht ein glückliches Alter.

Und es sagte darauf der Apotheker bedenklich:
Trüget doch öfter der Schein! Ich mag dem Äußern nicht trauen;
Denn ich habe das Sprichwort so oft erprobet gefunden:
Eh du den Scheffel Salz mit dem neuen Bekannten verzehret,
Darfst du nicht leichtlich ihm trauen; dich macht die Zeit nur
gewisser,
Wie du es habest mit ihm, und wie die Freundschaft bestehe.
Lasset uns also zuerst bei guten Leuten uns umtun,
Denen das Mädchen bekannt ist, und die uns von ihr nun erzählen.

Auch ich lobe die Vorsicht, versetzte der Geistliche folgend;
Frein wir doch nicht für uns! Für andere frein ist bedenklich.
Und sie gingen darauf dem wackern Richter entgegen,
Der in seinen Geschäften die Straße wieder heraufkam.
Und zu ihm sprach sogleich der kluge Pfarrer mit Vorsicht:
Sagt! wir haben ein Mädchen gesehn, das im Garten zunächst hier
Unter dem Apfelbaum sitzt und Kindern Kleider verfertigt
Aus getragnem Kattun, der ihr vermutlich geschenkt ward.

Uns gefiel die Gestalt; sie scheint der Wackeren eine.
Saget uns, was Ihr wißt: wir fragen aus löblicher Absicht.

Als, in den Garten zu blicken, der Richter sogleich nun herzutra
Sagt' er: Diese kennet ihr schon; denn wenn ich erzählte
Von der herrlichen Tat, die jene Jungfrau verrichtet,
Als sie das Schwert ergriff und sich und die Ihren beschützte –
Diese wars! Ihr seht es ihr an, sie ist rüstig geboren,
Aber so gut wie stark; denn ihren alten Verwandten
Pflegte sie bis zum Tode, da ihn der Jammer dahinriß
Über des Städtchens Not und seiner Besitzung Gefahren.
Auch, mit stillem Gemüt, hat sie die Schmerzen ertragen
Über des Bräutigams Tod, der, ein edler Jüngling, im ersten
Feuer des hohen Gedankens, nach edler Freiheit zu streben,
Selbst hinging nach Paris und bald den schrecklichen Tod fand;
Denn wie zu Hause, so dort, bestritt er Willkür und Ränke.
Also sagte der Richter. Die beiden schieden und dankten,
Und der Geistliche zog ein Goldstück (das Silber des Beutels
War vor einigen Stunden von ihm schon milde verspendet,
Als er die Flüchtlinge sah in traurigen Haufen vorbeiziehn).
Und er reicht' es dem Schulzen und sagte: Teilet den Pfennig
Unter die Dürftigen aus, und Gott vermehre die Gabe!
Doch es weigerte sich der Mann und sagte: Wir haben
Manchen Taler gerettet und manche Kleider und Sachen,
Und ich hoffe, wir kehren zurück, noch eh es verzehrt ist.

Da versetzte der Pfarrer und drückt' ihm das Geld in die Hand ei
Niemand säume zu geben in diesen Tagen, und niemand

Weigre sich anzunehmen, was ihm die Milde geboten!
Niemand weiß, wie lange er es hat, was er ruhig besitzet;
Niemand, wie lang er noch in fremden Ländern umherzieht
Und des Ackers entbehrt und des Gartens, der ihn ernähret.

Ei doch! sagte darauf der Apotheker geschäftig:
Wäre mit jetzt nur Geld in der Tasche, so solltet Ihrs haben,
Groß wie klein; denn viele gewiß der Euren bedürfens.
Unbeschenkt doch laß ich Euch nicht, damit Ihr den Willen
Sehet, woferne die Tat auch hinter dem Willen zurückbleibt.
Also sprach er und zog den gestrickten ledernen Beutel
An den Riemen hervor, worin der Tobak ihm verwahrt war,
Öffnete zierlich und teilte; da fanden sich einige Pfeifen.
Klein ist die Gabe, setzt' er dazu. Da sagte der Schultheiß:
Guter Tobak ist doch dem Reisenden immer willkommen.
Und es lobte darauf der Apotheker den Knaster.

Aber der Pfarrherr zog ihn hinweg, und sie schieden vom Richter.
Eilen wir! sprach der verständige Mann: es wartet der Jüngling
Peinlich. Er höre so schnell als möglich die fröhliche Botschaft.
Und sie eilten und kamen und fanden den Jüngling gelehnet
An den Wagen unter den Linden. Die Pferde zerstampften
Wild den Rasen; er hielt sie im Zaum und stand in Gedanken,
Blickte still vor sich hin und sah die Freunde nicht eher,
Bis sie kommend ihn riefen und fröhliche Zeichen ihm gaben.
Schon von ferne begann der Apotheker zu sprechen;
Doch sie traten näher hinzu. Da faßte der Pfarrherr

Seine Hand und sprach und nahm dem Gefährten das Wort we
Heil dir, junger Mann! Dein treues Auge, dein treues
Herz hat richtig gewählt! Glück dir und dem Weibe der Jugend
Deiner ist sie wert; drum komm und wende den Wagen,
Daß wir fahrend sogleich die Ecke des Dorfes erreichen,
Um sie werben und bald nach Hause führen die Gute.

Aber der Jüngling stand, und ohne Zeichen der Freude
Hört' er die Worte des Boten, die himmlisch waren und tröstlic
Seufzete tief und sprach: Wir kamen mit eilendem Fuhrwerk,
Und wir ziehen vielleicht beschämt und langsam nach Hause;
Denn hier hat mich, seitdem ich warte, die Sorge befallen,
Argwohn und Zweifel und alles, was nur ein liebendes Herz krän
Glaubt ihr, wenn wir nur kommen, so werde das Mädchen uns
folgen,
Weil wir reich sind, aber sie arm und vertrieben einherzieht?
Armut selbst macht stolz, die unverdiente. Genügsam
Scheint das Mädchen und tätig; und so gehört ihr die Welt an.
Glaubt ihr, es sei ein Weib von solcher Schönheit und Sitte
Aufgewachsen, um nie den guten Jüngling zu reizen?
Glaubt ihr, sie habe bis jetzt ihr Herz verschlossen der Liebe?
Fahret nicht rasch bis hinan: wir möchten zu unserer Beschämu
Sachte die Pferde herum nach Hause lenken. Ich fürchte,
Irgendein Jüngling besitzt dies Herz, und die wackere Hand ha
Eingeschlagen und schon dem Glücklichen Treue versprochen.
Ach! da steh ich vor ihr mit meinem Antrag beschämet.

Ihn zu trösten, öffnete drauf der Pfarrer den Mund schon;
Doch es fiel der Gefährte mit seiner gesprächigen Art ein:
Freilich! so wären wir nicht vorzeiten verlegen gewesen,
Da ein jedes Geschäft nach seiner Weise vollbracht ward.
Hatten die Eltern die Braut für ihren Sohn sich ersehen,
Ward zuvörderst ein Freund vom Hause vertraulich gerufen;
Diesen sandte man dann als Freiersmann zu den Eltern
Der erkorenen Braut, der dann in stattlichem Putze,
Sonntags etwa nach Tische, den würdigen Bürger besuchte,
Freundliche Worte mit ihm im allgemeinen zuvörderst
Wechselnd, und klug das Gespräch zu lenken und wenden verstehend.
Endlich nach langem Umschweif ward auch der Tochter erwähnet,
Rühmlich, und rühmlich des Manns und des Hauses, von dem man gesandt war.
Kluge Leute merkten die Absicht; der kluge Gesandte
Merkte den Willen gar bald und konnte sich weiter erklären.
Lehnte den Antrag man ab, so war auch ein Korb nicht verdrießlich.
Aber gelang es denn auch, so war der Freiersmann immer
In dem Hause der erste bei jedem häuslichen Feste;
Denn es erinnerte sich durchs ganze Leben das Ehpaar,
Daß die geschickte Hand den ersten Knoten geschlungen.
Jetzt ist aber das alles, mit anderen guten Gebräuchen,
Aus der Mode gekommen, und jeder freit für sich selber.
Nehme denn jeglicher auch den Korb mit eigenen Händen,
Der ihm etwa beschert ist, und stehe beschämt vor dem Mädchen!

Sei es, wie ihm auch sei! versetzte der Jüngling, der kaum auf
Alle die Worte gehört und schon sich im Stillen entschlossen:

Selber geh ich und will mein Schicksal selber erfahren
Aus dem Munde des Mädchens, zu dem ich das größte Vertrau
Hege, das irgend ein Mensch nur je zu dem Weibe gehegt hat.
Was sie sagt, das ist gut, es ist vernünftig, das weiß ich.
Soll ich sie auch zum letzten Mal sehn, so will ich noch einmal
Diesem offenen Blick des schwarzen Auges begegnen;
Drück ich sie nie an das Herz, so will ich die Brust und die Schulte
Einmal noch sehn, die mein Arm so sehr zu umschließen begehr
Will den Mund noch sehen, von dem ein Kuß und das Ja mich
Glücklich macht auf ewig, das Nein mich auf ewig zerstöret.
Aber laßt mich allein! Ihr sollt nicht warten. Begebet
Euch zu Vater und Mutter zurück, damit sie erfahren,
Daß sich der Sohn nicht geirrt, und daß es wert ist, das Mädche
Und so laßt mich allein! Den Fußweg über dem Hügel
An den Birnbaum hin und unsern Weinberg hinunter
Geh ich näher nach Hause zurück. O, daß ich die Traute
Freudig und schnell ihn führte! Vielleicht auch schleich ich alle
Jene Pfade nach Hause und betrete froh sie nicht wieder.

Also sprach er und gab dem geistlichen Herrn die Zügel,
Der verständig sie faßte, die schäumenden Rosse beherrschend,
Schnell den Wagen bestieg und den Sitz des Führers besetzte.

Aber du zaudertest noch, vorsichtiger Nachbar, und sagtest:
Gerne vertrau ich, mein Freund, Euch Seel und Geist und Gem
an;
Aber Leib und Gebein ist nicht zum besten verwahret,

Wenn die geistliche Hand der weltlichen Zügel sich anmaßt.
Doch du lächeltest drauf, verständiger Pfarrer, und sagtest:
Sitztet nur ein, und getrost vertraut mir den Leib, wie die Seele;
Denn geschickt ist die Hand schon lange, den Zügel zu führen,
Und das Auge geübt, die künstlichste Wendung zu treffen.
Denn wir waren in Straßburg gewohnt, den Wagen zu lenken,
Als ich den jungen Baron dahin begleitete: täglich
Rollte der Wagen, geleitet von mir, das hallende Tor durch,
Staubige Wege hinaus, bis fern zu den Auen und Linden,
Mitten durch Scharen des Volks, das mit Spazieren den Tag lebt.

Halb getröstet bestieg darauf der Nachbar den Wagen,
Saß wie einer, der sich zum weislichen Sprunge bereitet;
Und die Hengste rannten nach Hause, begierig des Stalles.
Aber die Wolke des Staubs quoll unter den mächtigen Hufen.
Lange noch stand der Jüngling und sah den Staub sich erheben,
Sah den Staub sich zerstreun: so stand er ohne Gedanken.

Catel del. *Bolt sculp.*

ERATO

Dorothea

Wie der wandernde Mann, der vor dem Sinken der Sonne
Sie noch einmal ins Auge, die schnellverschwindende, faßte,
Dann im dunkeln Gebüsch und an der Seite des Felsens
Schweben siehet ihr Bild – wohin er die Blicke nur wendet,
Eilet es vor und glänzt und schwankt in herrlichen Farben –:
So bewegte vor Hermann die liebliche Bildung des Mädchens
Sanft sich vorbei und schien dem Pfad ins Getreide zu folgen.
Aber er fuhr aus dem staunenden Traum auf, wendete langsam
Nach dem Dorfe sich zu, und staunte wieder; denn wieder
Kam ihm die hohe Gestalt des herrlichen Mädchens entgegen.
Fest betrachtet' er sie: es war kein Scheinbild, sie war es
Selber. Den größeren Krug und einen kleinern am Henkel
Tragend in jeglicher Hand: so schritt sie geschäftig zum Brunnen
Und er ging ihr freudig entgegen. Es gab ihm ihr Anblick
Mut und Kraft, er sprach zu seiner Verwunderten also:
Find ich dich, wackeres Mädchen, so bald aufs neue beschäftigt,
Hülfreich andern zu sein und gern zu erquicken die Menschen?
Sag, warum kommst du allein zum Quell, der doch so entfernt liegt,
Da sich andere doch mit dem Wasser des Dorfes begnügen?
Freilich ist dies von besonderer Kraft und lieblich zu kosten.
Jener Kranken bringst du es wohl, die du treulich gerettet?

Freundlich begrüßte sogleich das gute Mädchen den Jüngling,
Sprach: So ist schon hier der Weg mir zum Brunnen belohnet,
Da ich finde den Guten, der uns so vieles gereicht hat;
Denn der Anblick des Gebers ist, wie die Gaben, erfreulich.
Kommt und sehet doch selber, wer Eure Milde genossen,
Und empfanget den ruhigen Dank von allen Erquickten.

Daß ihr aber sogleich vernehmet, warum ich gekommen,
Hier zu schöpfen, wo rein und unablässig der Quell fließt,
Sag ich Euch dies: Es haben die unvorsichtigen Menschen
Alles Wasser getrübt im Dorfe, mit Pferden und Ochsen
Gleich durchwatend den Quell, der Wasser bringt den Bewohner
Und so haben sie auch mit Waschen und Reinigen alle
Tröge des Dorfes beschmutzt und alle Brunnen besudelt;
Denn ein jeglicher denkt nur, sich selbst und das nächste Bedürfn
Schnell zu befriedgen und rasch, und nicht des Folgenden denkt e

Also sprach sie und war die breiten Stufen hinunter
Mit dem Begleiter gelangt; und auf das Mäuerchen setzten
Beide sich nieder des Quells. Sie beugte sich über, zu schöpfen;
Und er faßte den anderen Krug und beugte sich über.
Und sie sahen gespiegelt ihr Bild in der Bläue des Himmels
Schwanken und nickten sich zu und grüßten sich freundlich im
Spiegel.
Laß mich trinken, sagte darauf der heitere Jüngling;
Und sie reicht' ihm den Krug. Dann ruhten sie beide, vertraulich
Auf die Gefäße gelehnt; sie aber sagte zum Freunde:
Sage, wie find ich dich hier? und ohne Wagen und Pferde,
Ferne vom Ort, wo ich erst dich gesehn? wie bist du gekommen?

Denkend schaute Hermann zur Erde; dann hob er die Blicke
Ruhig gegen sie auf und sah ihr freundlich ins Auge,
Fühlte sich still und getrost. Jedoch ihr von Liebe zu sprechen,
Wär ihm unmöglich gewesen: ihr Auge blickte nicht Liebe,

Aber hellen Verstand und gebot, verständig zu reden.
Und er faßte sich schnell und sagte traulich zum Mädchen:
Laß mich reden, mein Kind, und deine Fragen erwidern.
Deinetwegen kam ich hierher! was soll ichs verbergen?
Denn ich lebe beglückt mit beiden liebenden Eltern,
Denen ich treulich das Haus und die Güter helfe verwalten,
Als der einzige Sohn, und unsre Geschäfte sind vielfach.
Alle Felder besorg ich: der Vater waltet im Hause
Fleißig; die tätige Mutter belebt im ganzen die Wirtschaft.
Aber du hast gewiß auch erfahren, wie sehr das Gesinde
Bald durch Leichtsinn und bald durch Untreu plaget die Hausfrau,
Immer sie nötigt, zu wechseln und Fehler um Fehler zu tauschen.
Lange wünschte die Mutter daher sich ein Mädchen im Hause,
Das mit der Hand nicht allein, das auch mit dem Herzen ihr hülfe,
An der Tochter Statt, der leider frühe verlornen.
Nun, als ich heut am Wagen dich sah, in froher Gewandtheit,
Sah die Stärke des Arms und die volle Gesundheit der Glieder,
Als ich die Worte vernahm, die verständigen, war ich betroffen,
Und ich eilte nach Hause, den Eltern und Freunden die Fremde
Rühmend nach ihrem Verdienst. Nun komm ich dir aber zu sagen,
Was sie wünschen, wie ich. – Verzeih mir die stotternde Rede.

Scheuet Euch nicht, so sagte sie drauf, das Weitre zu sprechen;
Ihr beleidigt mich nicht, ich hab es dankbar empfunden.
Sagt es nur grad heraus; mich kann das Wort nicht erschrecken:
Dingen möchtet Ihr mich als Magd für Vater und Mutter,
Zu versehen das Haus, das wohlerhalten Euch dasteht;
Und Ihr glaubet an mir ein tüchtiges Mädchen zu finden,

Zu der Arbeit geschickt und nicht von rohem Gemüte.
Euer Antrag war kurz, so soll die Antwort auch kurz sein.
Ja, ich gehe mit Euch und folge dem Rufe des Schicksals.
Meine Pflicht ist erfüllt, ich habe die Wöchnerin wieder
Zu den Ihren gebracht, sie freuen sich alle der Rettung;
Schon sind die meisten beisammen, die übrigen werden sich finden.
Alle denken gewiß, in kurzen Tagen zur Heimat
Wiederzukehren – so pflegt sich stets der Vertriebne zu schmeicheln
Aber ich täusche mich nicht mit leichter Hoffnung in diesen
Traurigen Tagen, die uns noch traurige Tage versprechen:
Denn gelöst sind die Bande der Welt; wer knüpfet sie wieder
Als allein nur die Not, die höchste, die uns bevorsteht!
Kann ich im Hause des würdigen Manns mich, dienend, ernähre
Unter den Augen der trefflichen Frau, so tu ich es gerne;
Denn ein wanderndes Mädchen ist immer von schwankendem Ru
Ja, ich gehe mit Euch, sobald ich die Krüge den Freunden
Wiedergebracht und noch mir den Segen der Guten erbeten.
Kommt! Ihr müsset sie sehen und mich von ihnen empfangen.

Fröhlich hörte der Jüngling des willigen Mädchens Entschließun
Zweifelnd, ob er ihr nun die Wahrheit sollte gestehen.
Aber es schien ihm das beste zu sein, in dem Wahn sie zu lassen,
In sein Haus sie zu führen, zu werben um Liebe nur dort erst.
Ach! und den goldenen Ring erblickt' er am Finger des Mädchens;
Und so ließ er sie sprechen und horchte fleißig den Worten.

Laß uns, fuhr sie nun fort, zurückekehren! Die Mädchen
Werden immer getadelt, die lange beim Brunnen verweilen;
Und doch ist es am rinnenden Quell so lieblich zu schwätzen.
Also standen sie auf und schauten beide noch einmal
In den Brunnen zurück, und süßes Verlangen ergriff sie.

Schweigend nahm sie darauf die beiden Krüge beim Henkel,
Stieg die Stufen hinan, und Hermann folgte der Lieben.
Einen Krug verlangt' er von ihr, die Bürde zu teilen.
Laßt ihn, sprach sie: es trägt sich besser die gleichere Last so.
Und der Herr, der künftig befiehlt, er soll mir nicht dienen.
Seht mich so ernst nicht an, als wäre mein Schicksal bedenklich!
Dienen lerne beizeiten das Weib nach ihrer Bestimmung;
Denn durch Dienen allein gelangt sie endlich zum Herrschen,
Zu der verdienten Gewalt, die doch ihr im Hause gehöret.
Dienet die Schwester dem Bruder doch froh, sie dienet den Eltern,
Und ihr Leben ist immer ein ewiges Gehen und Kommen
Oder ein Heben und Tragen, Bereiten und Schaffen für andre.
Wohl ihr, wenn sie daran sich gewöhnt, daß kein Weg ihr zu sauer
Wird und die Stunden der Nacht ihr sind wie die Stunden des Tages,
Daß ihr niemals die Arbeit zu klein und die Nadel zu fein dünkt,
Daß sie sich ganz vergißt und leben mag nur in andern!
Denn als Mutter, fürwahr, bedarf sie der Tugenden alle,
Wenn der Säugling die Krankende weckt und Nahrung begehret
Von der Schwachen und so zu Schmerzen Sorgen sich häufen.
Zwanzig Männer verbunden ertrügen nicht diese Beschwerde,
Und sie sollen es nicht; doch sollen sie dankbar es einsehn.

Also sprach sie und war mit ihrem stillen Begleiter
Durch den Garten gekommen, bis an die Tenne der Scheune,
Wo die Wöchnerin lag, die sie froh mit den Töchtern verlassen,
Jenen geretteten Mädchen, den schönen Bildern der Unschuld.
Beide traten hinein; und von der anderen Seite
Trat, ein Kind an jeglicher Hand, der Richter zugleich ein.
Diese waren bisher der jammernden Mutter verloren;
Aber gefunden hatte sie nun im Gewimmel der Alte.
Und sie sprangen mit Lust, die liebe Mutter zu grüßen,
Sich des Bruders zu freun, des unbekannten Gespielen!
Auf Dorothen sprangen sie dann und grüßten sie freundlich,
Brot verlangend und Obst, vor allem aber zu trinken.
Und sie reichte das Wasser herum. Da tranken die Kinder,
Und die Wöchnerin trank, mit den Töchtern, so trank auch der
Richter.
Alle waren geletzt und lobten das herrliche Wasser;
Säuerlich wars und erquicklich, gesund zu trinken dem Mensche

Da versetzte das Mädchen mit ernsten Blicken und sagte:
Freunde, dieses ist wohl das letzte Mal, daß ich den Krug euch
Führe zum Munde, daß ich die Lippen mit Wasser euch netze:
Aber wenn euch fortan am heißen Tage der Trunk labt,
Wenn ihr im Schatten der Ruh und der reinen Quellen genießet,
Dann gedenket auch mein und meines freundlichen Dienstes,
Den ich aus Liebe mehr als aus Verwandtschaft geleistet.
Was ihr mir Gutes erzeigt, erkenn ich durchs künftige Leben.
Ungern laß ich euch zwar; doch jeder ist diesmal dem andern
Mehr zur Last als zum Trost, und alle müssen wir endlich

Uns im fremden Lande zerstreun, wenn die Rückkehr versagt ist.
Seht, hier steht der Jüngling, dem wir die Gaben verdanken,
Diese Hülle des Kinds und jene willkommene Speise.
Dieser kommt und wirbt, in seinem Haus mich zu sehen,
Daß ich diene daselbst den reichen, trefflichen Eltern;
Und ich schlag es nicht ab; denn überall dienet das Mädchen,
Und ihr wäre zur Last, bedient im Hause zu ruhen.
Also folg ich ihm gern; er scheint ein verständiger Jüngling,
Und so werden die Eltern es sein, wie Reichen geziemet.
Darum lebet nun wohl, geliebte Freundin, und freuet
Euch des lebendigen Säuglings, der schon so gesund Euch anblickt.
Drücket Ihr ihn an die Brust in diesen farbigen Wickeln,
O, so gedenket des Jünglings, des guten, der sie uns reichte,
Und der künftig auch mich, die Eure, nähret und kleidet.
Und Ihr, trefflicher Mann, so sprach sie gewendet zum Richter,
Habet Dank, daß Ihr Vater mir wart in mancherlei Fällen.

Und sie kniete darauf zur guten Wöchnerin nieder,
Küßte die weinende Frau und vernahm des Segens Gelispel.
Aber du sagtest indes, ehrwürdiger Richter, zu Hermann:
Billig seid Ihr, o Freund, zu den guten Wirten zu zählen,
Die mit tüchtigen Menschen den Haushalt zu führen bedacht sind.
Denn ich habe wohl oft gesehn, daß man Rinder und Pferde,
So wie Schafe, genau bei Tausch und Handel betrachtet;
Aber den Menschen, der alles erhält, wenn er tüchtig und gut ist,
Und der alles zerstreut und zerstört durch falsches Beginnen,
Diesen nimmt man nur so auf Glück und Zufall ins Haus ein
Und bereuet zu spät ein übereiltes Entschließen.

Aber es scheint, Ihr verstehts; denn Ihr habt ein Mädchen
erwählet,
Euch zu dienen im Haus und Euren Eltern, das brav ist.
Haltet sie wohl! Ihr werdet, solang sie der Wirtschaft sich
annimmt,
Nicht die Schwester vermissen, noch Eure Eltern die Tochter.

Viele kamen indes, der Wöchnerin nahe Verwandte,
Manches bringend und ihr die bessere Wohnung verkündend.
Alle vernahmen des Mädchens Entschluß und segneten Herman
Mit bedeutenden Blicken und mit besondern Gedanken.
Denn so sagte wohl eine zur andern flüchtig ans Ohr hin:
Wenn aus dem Herrn ein Bräutigam wird, so ist sie geborgen.
Hermann faßte darauf sie bei der Hand an und sagte:
Laß uns gehen; es neigt sich der Tag, und fern ist das Städtche
Lebhaft gesprächig umarmten darauf Dorotheen die Weiber.
Hermann zog sie hinweg; noch viele Grüße befahl sie.
Aber da fielen die Kinder, mit Schrein und entsetzlichem Weine
Ihr in die Kleider und wollten die zweite Mutter nicht lassen.
Aber ein' und die andre der Weiber sagte gebietend:
Stille, Kinder! sie geht in die Stadt und bringt euch des guten
Zuckerbrotes genug, das euch der Bruder bestellte,
Als der Storch ihn jüngst beim Zuckerbäcker vorbeitrug,
Und ihr sehet sie bald mit den schön vergoldeten Deuten.
Und so ließen die Kinder sie los, und Hermann entriß sie
Noch den Umarmungen kaum und den fernewinkenden Tücher

MELPOMENE

Hermann und Dorothea

Also gingen die zwei entgegen der sinkenden Sonne,
Die in Wolken sich tief, gewitterdrohend, verhüllte,
Aus dem Schleier, bald hier bald dort, mit glühenden Blicken
Strahlend über das Feld die ahnungsvolle Beleuchtung.
Möge das drohende Wetter, so sagte Hermann, nicht etwa
Schloßen uns bringen und heftigen Guß; denn schön ist die Ernte.
Und sie freuten sich beide des hohen wankenden Kornes,
Das die Durchschreitenden fast, die hohen Gestalten, erreichte.
Und es sagte darauf das Mädchen zum leitenden Freunde:
Guter, dem ich zunächst ein freundlich Schicksal verdanke,
Dach und Fach, wenn im Freien so manchem Vertriebnen der Sturm dräut!
Saget mir jetzt vor allem und lehret die Eltern mich kennen,
Denen ich künftig zu dienen von ganzer Seele geneigt bin;
Denn kennt jemand den Herrn, so kann er ihm leichter genugtun,
Wenn er die Dinge bedenkt, die jenem die wichtigsten scheinen,
Und auf die er den Sinn, den festbestimmten, gesetzt hat.
Darum saget mir doch: wie gewinn ich Vater und Mutter?

Und es versetzte dagegen der gute, verständige Jüngling:
O wie geb ich dir recht, du kluges, treffliches Mädchen,
Daß du zuvörderst dich nach dem Sinne der Eltern befragest!
Denn so strebt ich bisher vergebens, dem Vater zu dienen,
Wenn ich der Wirtschaft mich als wie der meinigen annahm,
Früh den Acker und spät und so besorgend den Weinberg.
Meine Mutter befriedigt ich wohl, sie wußt es zu schätzen;
Und so wirst du ihr auch das trefflichste Mädchen erscheinen,
Wenn du das Haus besorgst, als wenn du das deine bedächtest.

Aber dem Vater nicht so; denn dieser liebet den Schein auch.
Gutes Mädchen, halte mich nicht für kalt und gefühllos,
Wenn ich den Vater dir sogleich, der Fremden, enthülle.
Ja, ich schwör es, das erste Mal ists, daß frei mir ein solches
Wort die Zunge verläßt, die nicht zu schwatzen gewohnt ist;
Aber du lockst mir hervor aus der Brust ein jedes Vertrauen.
Einige Zierde verlangt der gute Vater im Leben,
Wünschet äußere Zeichen der Liebe, sowie der Verehrung,
Und er würde vielleicht vom schlechteren Diener befriedigt,
Der dies wüßte zu nutzen, und würde dem besseren gram sein.

Freudig sagte sie drauf, zugleich die schnelleren Schritte
Durch den dunkelnden Pfad verdoppelnd mit leichter Bewegun
Beide zusammen hoff ich fürwahr zufriedenzustellen;
Denn der Mutter Sinn ist wie mein eigenes Wesen,
Und der äußeren Zierde bin ich von Jugend nicht fremde.
Unsere Nachbarn, die Franken, in ihren früheren Zeiten
Hielten auf Höflichkeit viel: sie war dem Edlen und Bürger
Wie den Bauern gemein, und jeder empfahl sie den Seinen.
Und so brachten bei uns auf deutscher Seite gewöhnlich
Auch die Kinder des Morgens mit Händeküssen und Knicksche
Segenswünsche den Eltern und hielten sittlich den Tag aus.
Alles, was ich gelernt und was ich von jung auf gewohnt bin,
Was von Herzen mir geht – ich will es dem Alten erzeigen.
Aber wer sagt mir nunmehr: wie soll ich dir selber begegnen,
Dir, dem einzigen Sohn, und künftig meinem Gebieter?

Also sprach sie, und eben gelangten sie unter den Birnbaum.
Herrlich glänzte der Mond, der volle, vom Himmel herunter;
Nacht wars, völlig bedeckt das letzte Schimmern der Sonne.
Und so lagen vor ihnen in Massen gegeneinander
Lichter, hell wie der Tag, und Schatten dunkeler Nächte.
Und es hörte die Frage, die freundliche, gern in dem Schatten
Hermann des herrlichen Baums, am Orte, der ihm so lieb war,
Der noch heute die Tränen um seine Vertriebne gesehen.
Und indem sie sich nieder ein wenig zu ruhen gesetzet,
Sagte der liebende Jüngling, die Hand des Mädchens ergreifend:
Laß dein Herz dir es sagen und folg ihm frei nur in allem.
Aber er wagte kein weiteres Wort, so sehr auch die Stunde
Günstig war: er fürchtete, nur ein Nein zu ereilen,
Ach, und er fühlte den Ring am Finger, das schmerzliche Zeichen.
Also saßen sie still und schweigend nebeneinander;
Aber das Mädchen begann und sagte: Wie find ich des Mondes
Herrlichen Schein so süß! er ist der Klarheit des Tags gleich.
Seh ich doch dort in der Stadt die Häuser deutlich und Höfe,
An dem Giebel ein Fenster; mich deucht, ich zähle die Scheiben.

Was du siehst, versetzte darauf der gehaltene Jüngling,
Das ist unsere Wohnung, in die ich nieder dich führe,
Und dies Fenster dort ist meines Zimmers im Dache,
Das vielleicht das deine nun wird: wir verändern im Hause.
Diese Felder sind unser, sie reifen zur morgenden Ernte.
Hier im Schatten wollen wir ruhn und des Mahles genießen.
Aber laß uns nunmehr hinab durch Weinberg und Garten
Steigen; denn sieh, es rückt das schwere Gewitter herüber,

Wetterleuchtend und bald verschlingend den lieblichen Vollmon
Und so standen sie auf und wandelten nieder, das Feld hin,
Durch das mächtige Korn, der nächtlichen Klarheit sich freuend
Und sie waren zum Weinberg gelangt und traten ins Dunkel.

Und so leitet' er sie die vielen Platten hinunter,
Die, unbehauen gelegt, als Stufen dienten im Laubgang.
Langsam schritt sie hinab, auf seinen Schultern die Hände;
Und mit schwankenden Lichtern, durchs Laub, überblickte der
Mond sie,
Eh er, von Wetterwolken umhüllt, im Dunkeln das Paar ließ.
Sorglich stützte der Starke das Mädchen, das über ihn herhing;
Aber sie, unkundig des Steigs und der roheren Stufen,
Fehlte tretend: es knackte der Fuß, sie drohte zu fallen.
Eilig streckte gewandt der sinnige Jüngling den Arm aus,
Hielt empor die Geliebte; sie sank ihm leis' auf die Schulter,
Brust war gesenkt an Brust und Wang an Wange. So stand er,
Starr wir ein Marmorbild, vom ernsten Willen gebändigt,
Drückte nicht fester sie an, er stemmte sich gegen die Schwere.
Und so fühlt' er die herrliche Last, die Wärme des Herzens
Und den Balsam des Atems, an seinen Lippen verhauchet,
Trug mit Mannesgefühl die Heldengröße des Weibes.

Doch sie verhehlte den Schmerz und sagte die scherzenden Wort
Das bedeutet Verdruß, so sagen bedenkliche Leute,
Wenn beim Eintritt ins Haus, nicht fern von der Schwelle, der F
knackt.

Hätt ich mir doch fürwahr ein besseres Zeichen gewünschet!
Laß uns ein wenig verweilen, damit dich die Eltern nicht tadeln
Wegen der hinkenden Magd und ein schlechter Wirt zu erscheinest.

URANIA

Aussicht

Musen, die ihr so gern die herzliche Liebe begünstigt,
Auf dem Wege bisher den trefflichen Jüngling geleitet,
An die Brust ihm das Mädchen noch vor der Verlobung gedrückt
habt:
Helfet auch ferner den Bund des lieblichen Paares vollenden,
Teilet die Wolken sogleich, die über ihr Glück sich heraufziehn!
Aber saget vor allem, was jetzt im Hause geschiehet.

Ungeduldig betrat die Mutter zum drittenmal wieder
Schon das Zimmer der Männer, das sorglich erst sie verlassen,
Sprechend vom nahen Gewitter, vom schnellen Verdunkeln des
Mondes;
Dann vom Außenbleiben des Sohns und der Nächte Gefahren;
Tadelte lebhaft die Freunde, daß, ohne das Mädchen zu sprechen,
Ohne zu werben für ihn, sie so bald sich vom Jüngling getrennet.

Mache nicht schlimmer das Übel! versetzt' unmutig der Vater;
Denn du siehst, wir harren ja selbst und warten des Ausgangs.
Aber gelassen begann der Nachbar sitzend zu sprechen:
Immer verdank ich es doch in solch unruhiger Stunde
Meinem seligen Vater, der mir, als Knaben, die Wurzel
Aller Ungeduld ausriß, daß auch kein Fäschen zurückblieb
Und ich erwarten lernte sogleich, wie keiner der Weisen.
Sagt, versetzte der Pfarrer, welch Kunststück brauchte der Alte?
Das erzähl ich euch gern, denn jeder kann es sich merken,
Sagte der Nachbar darauf. Als Knabe stand ich am Sonntag
Ungeduldig einmal, die Kutsche begierig erwartend,

Die uns sollte hinaus zum Brunnen führen der Linden.
Doch sie kam nicht; ich lief, wie ein Wiesel, dahin und dorthin,
Treppen hinauf und hinab und von den Fenstern zur Türe.
Meine Hände prickelten mir; ich kratzte die Tische,
Trappelte stampfend herum, und nahe war mir das Weinen.
Alles sah der gelassene Mann; doch als ich es endlich
Gar zu töricht betrieb, ergriff er mich ruhig beim Arme,
Führte zum Fenster mich hin und sprach die bedenklichen Wort
Siehst du des Tischlers da drüben für heute geschlossene Werkstat
Morgen eröffnet er sie; da rühret sich Hobel und Säge,
Und so geht es von frühe bis Abend die fleißigen Stunden.
Aber bedenke dir dies: der Morgen wird künftig erscheinen,
Da der Meister sich regt mit allen seinen Gesellen,
Dir den Sarg zu bereiten und schnell und geschickt zu vollenden
Und sie tragen das bretterne Haus geschäftig herüber,
Das den Geduldgen zuletzt und den Ungeduldigen aufnimmt
Und gar bald ein drückendes Dach zu tragen bestimmt ist.
Alles sah ich sogleich im Geiste wirklich geschehen,
Sah die Bretter gefügt und die schwarze Farbe bereitet,
Saß geduldig nunmehr und harrete ruhig der Kutsche.
Rennen andere nun in zweifelhafter Erwartung
Ungebärdig herum, da muß ich des Sarges gedenken.

Lächelnd sagte der Pfarrer: des Todes rührendes Bild steht
Nicht als Schrecken dem Weisen, und nicht als Ende dem Fromme
Jenen drängt es ins Leben zurück und lehret ihn handeln;
Diesem stärkt es, zu künftigem Heil, im Trübsal die Hoffnung;
Beiden wird zum Leben der Tod. Der Vater mit Unrecht

Hat dem empfindlichen Knaben den Tod im Tode gewiesen.
Zeige man doch dem Jüngling des edel reifenden Alters
Wert und dem Alter die Jugend, daß beide des ewigen Kreises
Sich erfreuen und so sich Leben im Leben vollende!

Aber die Tür ging auf. Es zeigte das herrliche Paar sich,
Und es erstaunten die Freunde, die liebenden Eltern erstaunten
Über die Bildung der Braut, des Bräutigams Bildung vergleichbar;
Ja, es schien die Türe zu klein, die hohen Gestalten
Einzulassen, die nun zusammen betraten die Schwelle.
Hermann stellte den Eltern sie vor mit fliegenden Worten:
Hier ist, sagt' er, ein Mädchen, so wie ihr im Hause sie wünschet.
Lieber Vater, empfanget sie gut; sie verdient es. Und liebe
Mutter, befragt sie sogleich nach dem ganzen Umfang der Wirtschaft,
Daß Ihr seht, wie sehr sie verdient, Euch näher zu werden.
Eilig führt' er darauf den trefflichen Pfarrer beiseite,
Sagte: Würdiger Herr, nun helft mir aus dieser Besorgnis
Schnell, und löset den Knoten, vor dessen Entwicklung ich schaudre.
Denn ich habe das Mädchen als meine Braut nicht geworben,
Sondern sie glaubt, als Magd in das Haus zu gehn, und ich fürchte,
Daß unwillig sie flieht, sobald wir gedenken der Heirat.
Aber entschieden sei es sogleich! Nicht länger im Irrtum
Soll sie bleiben, wie ich nicht länger den Zweifel ertrage.
Eilet und zeiget auch hier die Weisheit, die wir verehren!
Und es wendete sich der Geistliche gleich zur Gesellschaft.
Aber leider getrübt war durch die Rede des Vaters

Schon die Seele des Mädchens; er hatte die munteren Worte,
Mit behaglicher Art, im guten Sinne gesprochen:
Ja, das gefällt mir, mein Kind! Mit Freuden erfahr ich, der Sohn h
Auch wie der Vater Geschmack, der seinerzeit es gewiesen,
Immer die Schönste zum Tanze geführt und endlich die Schönst
In sein Haus, als Frau, sich geholt: das Mütterchen war es.
Denn an der Braut, die der Mann sich erwählt, läßt gleich sich erkennen,
Welches Geistes er ist, und ob er sich eigenen Wert fühlt.
Aber Ihr brauchtet wohl auch nur wenig Zeit zur Entschließung
Denn mich dünket fürwahr, ihm ist so schwer nicht zu folgen.

Hermann hörte die Worte nur flüchtig; ihm bebten die Glieder
Innen, und stille war der ganze Kreis nun auf einmal.

Aber das treffliche Mädchen, von solchen spöttischen Worten,
Wie sie ihr schienen, verletzt und tief in der Seele getroffen,
Stand, mit fliegender Röte die Wange bis gegen den Nacken
Übergossen; doch hielt sie sich an und nahm sich zusammen,
Sprach zu dem Alten darauf, nicht völlig die Schmerzen verbergen
Traun! zu solchem Empfang hat mich der Sohn nicht bereitet,
Der mir des Vaters Art geschildert, des trefflichen Bürgers;
Und ich weiß, ich stehe vor Euch, dem gebildeten Manne,
Der sich klug mit jedem beträgt, und gemäß den Personen.
Aber so scheint es, Ihr fühlt nicht Mitleid genug mit der Armen
Die nun die Schwelle betritt und die Euch zu dienen bereit ist;
Denn sonst würdet Ihr nicht mit bitterem Spotte mir zeigen,

Wie entfernt mein Geschick von Eurem Sohn und von Euch sei.
Freilich tret ich nur arm, mit kleinem Bündel ins Haus ein,
Das mit allem versehn die frohen Bewohner gewiß macht;
Aber ich kenne mich wohl und fühle das ganze Verhältnis.
Ist es edel, mich gleich mit solchem Spotte zu treffen,
Der auf der Schwelle beinah mich schon aus dem Hause zurücktreibt?

Bang bewegte sich Hermann und winkte dem geistlichen Freunde,
Daß er ins Mittel sich schlüge, sogleich zu verscheuchen den Irrtum.
Eilig trat der Kluge heran und schaute des Mädchens
Stillen Verdruß und gehaltenen Schmerz und Tränen im Auge.
Da befahl im sein Geist, nicht gleich die Verwirrung zu lösen,
Sondern vielmehr das bewegte Gemüt zu prüfen des Mädchens.
Und er sagte darauf zu ihr mit versuchenden Worten:
Sicher, du überlegtest nicht wohl, o Mädchen des Auslands,
Wenn du bei Fremden zu dienen dich allzu eilig entschlossest,
Was es heiße, das Haus des gebietenden Herrn zu betreten;
Denn der Handschlag bestimmt das ganze Schicksal des Jahres,
Und gar vieles zu dulden verbindet ein einziges Jawort.
Sind doch nicht das Schwerste des Diensts die ermüdenden Wege,
Nicht der bittere Schweiß der ewig drängenden Arbeit:
Denn mit dem Knechte zugleich bemüht sich der tätige Freie;
Aber zu dulden die Laune des Herrn, wenn er ungerecht tadelt
Oder dieses und jenes begehrt, mit sich selber in Zwiespalt,
Und die Heftigkeit noch der Frauen, die leicht sich erzürnet,
Mit der Kinder roher und übermütiger Unart:
Das ist schwer zu ertragen, und doch die Pflicht zu erfüllen
Ungesäumt und rasch, und selbst nicht mürrisch zu stocken.

Doch du scheinst mir dazu nicht geschickt, da die Scherze des Vate
Schon dich treffen so tief, und doch nichts gewöhnlicher vorkomm
Als ein Mädchen zu plagen, daß wohl ihr ein Jüngling gefalle.

Also sprach er. Es fühlte die treffende Rede das Mädchen,
Und sie hielt sich nicht mehr: es zeigten sich ihre Gefühle
Mächtig, es hob sich die Brust, aus der ein Seufzer hervordrang
Und sie sagte sogleich mit heiß vergossenen Tränen:
O, nie weiß der verständige Mann, der im Schmerz uns zu rate
Denkt, wie wenig sein Wort, das kalte, die Brust zu befreien
Je von dem Leiden vermag, das ein hohes Schicksal uns auflegt.
Ihr seid glücklich und froh, wie sollt' ein Scherz euch verwunde
Doch der Krankende fühlt auch schmerzlich die leise Berührung
Nein, es hülfe mir nichts, wenn selbst mir Verstellung gelänge.
Zeige sich gleich, was später nur tiefere Schmerzen vermehrte
Und mich drängte vielleicht in stillverzehrendes Elend.
Laßt mich wieder hinweg! Ich darf im Hause nicht bleiben;
Ich will fort und gehe, die armen Meinen zu suchen,
Die ich im Unglück verließ, für mich nur das Bessere wählend.
Dies ist mein fester Entschluß; und ich darf euch darum nun
bekennen,
Was im Herzen sich sonst wohl Jahre hätte verborgen.
Ja, des Vaters Spott hat tief mich getroffen: nicht, weil ich
Stolz und empfindlich bin, wie es wohl der Magd nicht gezieme
Sondern weil mir fürwahr im Herzen die Neigung sich regte
Gegen den Jüngling, der heute mir als ein Erretter erschienen.
Denn als er erst auf der Straße mich ließ, so war er mir immer
In Gedanken geblieben; ich dachte des glücklichen Mädchens,

Das er vielleicht schon als Braut im Herzen möchte bewahren.
Und als ich wieder am Brunnen ihn fand, da freut ich mich seines
Anblicks so sehr, als wär mir der Himmlischen einer erschienen.
Und ich folgt ihm so gern, als nun er zur Magd mich geworben.
Doch mir schmeichelte freilich das Herz (ich will es gestehen)
Auf dem Wege hierher, als könnt ich vielleicht ihn verdienen,
Wenn ich würde des Hauses dereinst unentbehrliche Stütze.
Aber, ach! nun seh ich zuerst die Gefahren, in die ich
Mich begab, so nah dem still Geliebten zu wohnen.
Nun erst fühl ich, wie weit ein armes Mädchen entfernt ist
Von dem reicheren Jüngling, und wenn sie die Tüchtigste wäre.
Alles das hab ich gesagt, damit ihr das Herz nicht verkennet,
Das ein Zufall beleidigt, dem ich die Besinnung verdanke.
Denn das mußt ich erwarten, die stillen Wünsche verbergend,
Daß er sich brächte zunächst die Braut zum Hause geführet;
Und wie hätt ich alsdann die heimlichen Schmerzen ertragen!
Glücklich bin ich gewarnt, und glücklich löst das Geheimnis
Von dem Busen sich los, jetzt, da noch das Übel ist heilbar.
Aber das sei nun gesagt. Und nun soll im Hause mich länger
Hier nichts halten, wo ich beschämt und ängstlich nur stehe,
Frei die Neigung bekennend und jene törichte Hoffnung.
Nicht die Nacht, die breit sich bedeckt mit sinkenden Wolken,
Nicht der rollende Donner (ich hör ihn) soll mich verhindern,
Nicht des Regens Guß, der draußen gewaltsam herabschlägt,
Noch der sausende Sturm. Das hab ich alles ertragen
Auf der traurigen Flucht und nah am verfolgenden Feinde.
Und ich gehe nun wieder hinaus, wie ich lange gewohnt bin,
Von dem Strudel der Zeit ergriffen, von allem zu scheiden.
Lebet wohl! ich bleibe nicht länger; es ist nun geschehen.

Also sprach sie, sich rasch zurück nach der Türe bewegend,
Unter dem Arm das Bündelchen noch, das sie brachte, bewahren
Aber die Mutter ergriff mit beiden Armen das Mädchen,
Um den Leib sie fassend, und rief verwundert und staunend:
Sag, was bedeutet mir dies? und diese vergeblichen Tränen?
Nein, ich lasse dich nicht; du bist mir des Sohnes Verlobte.
Aber der Vater stand mit Widerwillen dagegen,
Auf die Weinende schauend, und sprach die verdrießlichen Wor
Also das ist mir zuletzt für die höchste Nachsicht geworden,
Daß mir das Unangenehmste geschieht noch zum Schlusse des Tag
Denn mir ist unleidlicher nichts als Tränen der Weiber,
Leidenschaftlich Geschrei, das heftig verworren beginnet,
Was mit ein wenig Vernunft sich ließe gemächlicher schlichten.
Mir ist lästig, noch länger dies wunderliche Beginnen
Anzuschauen. Vollendet es selbst; ich gehe zu Bette.
Und er wandte sich schnell und eilte, zur Kammer zu gehen,
Wo ihm das Ehbett stand und wo er zu ruhen gewohnt war.
Aber ihn hielt der Sohn und sagte die flehenden Worte:
Vater, eilet nur nicht und zürnt nicht über das Mädchen!
Ich nur habe die Schuld von aller Verwirrung zu tragen,
Die unerwartet der Freund noch durch Verstellung vermehrt h
Redet, würdiger Herr! denn Euch vertraut ich die Sache.
Häufet nicht Angst und Verdruß; vollendet lieber das Ganze!
Denn ich möchte so hoch Euch nicht in Zukunft verehren,
Wenn Ihr Schadenfreude nur übt statt herrlicher Weisheit.

Lächelnd versetzte darauf der würdige Pfarrer und sagte:
Welche Klugheit hätte denn wohl das schöne Bekenntnis

Dieser Guten entlockt und uns enthüllt ihr Gemüte?
Ist nicht die Sorge sogleich dir zur Wonn und Freude geworden?
Rede darum nur selbst! was bedarf es fremder Erklärung?
Nun trat Hermann hervor und sprach die freundlichen Worte:
Laß dich die Tränen nicht reun, noch diese flüchtigen Schmerzen;
Denn sie vollenden mein Glück und, wie ich wünsche, das deine.
Nicht das treffliche Mädchen als Magd, die Fremde, zu dingen,
Kam ich zum Brunnen: ich kam, um deine Liebe zu werben.
Aber, ach! mein schüchterner Blick, er konnte die Neigung
Deines Herzens nicht sehn; nur Freundlichkeit sah er im Auge,
Als aus dem Spiegel du ihn des ruhigen Brunnens begrüßtest.
Dich ins Haus nur zu führen, es war schon die Hälfte des Glückes.
Aber nun vollendest du mirs! O, sei mir gesegnet! –
Und es schaute das Mädchen mit tiefer Rührung zum Jüngling
Und vermied nicht Umarmung und Kuß, den Gipfel der Freude,
Wenn sie den Liebenden sind die lang ersehnte Versichrung
Künftigen Glücks im Leben, das nun ein unendliches scheinet.

Und den übrigen hatte der Pfarrherr alles erkläret.
Aber das Mädchen kam, vor dem Vater sich herzlich mit Anmut
Neigend und so ihm die Hand, die zurückgezogene, küssend,
Sprach: Ihr werdet gerecht der Überraschten verzeihen,
Erst die Tränen des Schmerzes und nun die Tränen der Freude.
O, vergebt mir jenes Gefühl! vergebt mir auch dieses
Und laßt nur mich ins Glück, das neu mir gegönnte, mich finden!
Ja, der erste Verdruß, an dem ich Verworrene schuld war,
Sei der letzte zugleich! Wozu die Magd sich verpflichtet,
Treu, zu liebendem Dienst, den soll die Tochter Euch leisten.

Und der Vater umarmte sie gleich, die Tränen verbergend.
Traulich kam die Mutter herbei und küßte sie herzlich,
Schüttelte Hand in Hand; es schwiegen die weinenden Frauen.

Eilig faßte darauf der gute verständige Pfarrherr
Erst des Vaters Hand und zog ihm vom Finger den Trauring
(Nicht so leicht: er war vom rundlichen Gliede gehalten),
Nahm den Ring der Mutter darauf und verlobte die Kinder;
Sprach: Noch einmal sei der goldenen Reifen Bestimmung,
Fest ein Band zu knüpfen, das völlig gleiche dem alten.
Dieser Jüngling ist tief von der Liebe zum Mädchen durchdrunge
Und das Mädchen gesteht, daß auch ihr der Jüngling erwünscht i
Also verlob ich euch hier und segn euch künftigen Zeiten,
Mit dem Willen der Eltern und mit dem Zeugnis des Freundes.

Und es neigte sich gleich mit Segenswünschen der Nachbar.
Aber als der geistliche Herr den goldenen Reif nun
Steckt' an die Hand des Mädchens, erblickt' er den anderen staunend,
Den schon Hermann zuvor am Brunnen sorglich betrachtet.
Und er sagte darauf mit freundlich scherzenden Worten:
Wie? du verlobest dich schon zum zweiten Mal? Daß nicht der er
Bräutigam bei dem Altar sich zeige mit hinderndem Einspruch

Aber sie sagte darauf: O, laßt mich dieser Erinnrung
Einen Augenblick weihen! Denn wohl verdient sie der Gute,

Der mir ihn scheidend gab und nicht zur Heimat zurückkam.
Alles sah er voraus, als rasch die Liebe der Freiheit,
Als ihn die Lust, im neuen veränderten Wesen zu wirken,
Trieb nach Paris zu gehn, dahin, wo er Kerker und Tod fand.
Lebe glücklich, sagt' er. Ich gehe; denn alles bewegt sich
Jetzt auf Erden einmal, es scheint sich alles zu trennen.
Grundgesetze lösen sich auf der festesten Staaten,
Und es löst der Besitz sich los vom alten Besitzer,
Freund sich los von Freund: so löst sich Liebe von Liebe.
Ich verlasse dich hier; und, wo ich jemals dich wieder
Finde – wer weiß es? Vielleicht sind diese Gespräche die letzten.
Nur ein Fremdling, sagt man mit Recht, ist der Mensch hier auf
Erden;
Mehr ein Fremdling als jemals ist nun ein jeder geworden.
Uns gehört der Boden nicht mehr; es wandern die Schätze;
Gold und Silber schmilzt aus den alten heiligen Formen;
Alles regt sich, als wollte die Welt, die gestaltete, rückwärts
Lösen in Chaos und Nacht sich auf und neu sich gestalten.
Du bewahrst mir dein Herz; und finden dereinst wir uns wieder
Über den Trümmern der Welt, so sind wir erneute Geschöpfe,
Umgebildet und frei und unabhängig vom Schicksal.
Denn was fesselte den, der solche Tage durchlebt hat!
Aber soll es nicht sein, daß je wir, aus diesen Gefahren
Glücklich entronnen, uns einst mit Freuden wieder umfangen,
O, so erhalte mein schwebendes Bild vor deinen Gedanken,
Daß du mit gleichem Mute zu Glück und Unglück bereit seist!
Locket neue Wohnung dich an und neue Verbindung,
So genieße mit Dank, was dann dir das Schicksal bereitet.
Liebe die Liebenden rein und halte dem Guten dich dankbar.

Aber dann auch setze nur leicht den beweglichen Fuß auf;
Denn es lauert der doppelte Schmerz des neuen Verlustes.
Heilig sei dir der Tag; doch schätze das Leben nicht höher
Als ein anderes Gut, und alle Güter sind trüglich.
Also sprach er: und nie erschien der Edle mir wieder.
Alles verlor ich indes, und tausendmal dacht ich der Warnung.
Nun auch denk ich des Worts, da schön mir die Liebe das Glück hi
Neu bereitet und mir die herrlichsten Hoffnungen aufschließt.
O verzeih, mein trefflicher Freund, daß ich, selbst an dem Arm di
Haltend, bebe! So scheint dem endlich gelandeten Schiffer
Auch der sicherste Grund des festesten Bodens zu schwanken.

Also sprach sie und steckte die Ringe nebeneinander.
Aber der Bräutigam sprach, mit edler männlicher Rührung:
Desto fester sei, bei der allgemeinen Erschüttrung,
Dorothea, der Bund! Wir wollen halten und dauern,
Fest uns halten und fest der schönen Güter Besitztum.
Denn der Mensch, der zur schwankenden Zeit auch schwanken gesinnt ist,
Der vermehret das Übel und breitet es weiter und weiter;
Aber wer fest auf dem Sinne beharrt, der bildet die Welt sich.
Nicht dem Deutschen geziemt es, die fürchterliche Bewegung
Fortzuleiten und auch zu wanken hierin und dorthin.
Dies ist unser! so laß uns sagen und so es behaupten!
Denn es werden noch stets die entschlossenen Völker gepriesen
Die für Gott und Gesetz, für Eltern, Weiber und Kinder
Stritten und gegen den Feind zusammenstehend erlagen.
Du bist mein; und nun ist das Meine meiner als jemals.

Nicht mit Kummer will ichs bewahren und sorgend genießen,
Sondern mit Mut und Kraft. Und drohen diesmal die Feinde,
Oder künftig, so rüste mich selbst und reiche die Waffen,
Weiß ich durch dich nur versorgt das Haus und die liebenden Eltern,
O, so stellt sich die Brust dem Feinde sicher entgegen.
Und gedächte jeder wie ich, so stünde die Macht auf
Gegen die Macht, und wir erfreuten uns alle des Friedens.

ANHANG

VORBEMERKUNG

Die nachfolgenden Beiträge von A. W. Schlegel, W. v. Humboldt und G. W. F. Hegel stehen für ein Stück Rezeptionsgeschichte von Goethes *Hermann und Dorothea*. Sie lassen nicht alle Facetten der zeitgenössischen Rezeption aufscheinen, sind aber wohl doch repräsentativ für die Aufnahme des »Gedichtes« bei den »gebildeten Ständen« um die Wende vom 18. zum 19. Jahrhundert.
Dagegen führt Hermann Hettners Aufsatz *Geschichtliche Vorerinnerungen* weit ins 19. Jahrhundert hinein. Er entstand 1861 als Einleitung zu Wilhelm von Humboldts *Ästhetische Versuche über Goethe's Hermann und Dorothea*, die im Verlag von Friedrich Vieweg und Sohn in dritter Auflage erschienen – im selben Verlag, der 1799 die Erstausgabe herausgebracht hatte.
Vielleicht fordert besonders die Aufnahme dieses Textes Rechtfertigung, weil nicht unmittelbar einleuchtet, weshalb er neben die Arbeiten von Schlegel, Humboldt und Hegel gestellt wurde. Hermann Hettner (1821–1882), einer der bedeutendsten Literaturhistoriker des 19. Jahrhunderts, vertrat eine realistische, an den Positionen der Aufklärung orientierte Kunstkritik. Seine Stellung zu Hegel, insbesondere zu Hegels Ästhetik charakterisiert Ludwig Uhlig in seinem Nachwort zu einer Auswahl von Schriften Hettners in der *sammlung insel*: »Schon kurz darauf [nach der Publikation seiner Dissertation von 1842] veröffentlichte er... seinen Aufsatz *Zur Beurteilung Ludwig Feuerbachs*, mit dem er sich in den Kämpfen unter den Hegelschülern auf die Seite der revolutionären Junghegelianer schlug. Von diesem Standpunkt, aus der Perspektive Feuerbachs, kritisierte er 1845 Hegel in der Schrift *Gegen die spekulative Ästhetik*, die eine Abkehr von der rein philosophischen Ästhetik und eine Hinwendung zur Stilistik, zur konkreten Kunstgeschichte fordert.«[1]

Hermann Hettner nimmt den Auftrag des Verlegers, Humboldts *Versuche* mit einer Einleitung zu versehen, gern an: »... da dies Buch in meinen kunstwissenschaftlichen Studien mir von jeher ein altgewohnter und anregender Begleiter war«[2]. Aber das ist nicht der einzige Grund. Humboldts Schrift ist für Hettner zugleich auch eine wichtige Bastion gegen seine wissenschaftlichen Gegner, Anhänger einer spekulativen Ästhetik: »Die speculative Aesthetik, so großartig auch sonst ihre Errungenschaft ist, macht das Ideal, das sie erst aus der Thatsache und der Anschauung vollendeter Kunstwerke gewonnen hat, zum treibenden Grundgedanken; sie macht das Ende zum Anfang. Sollte es nicht an der Zeit sein, zu dieser Humboldt'schen Physiologie der schöpferischen Einbildungskraft wieder mit voller Bewußtheit zurückzukehren, um sie folgerichtig fortzubilden und auszugestalten?«[3]
Prototypisch für die »neue Schule«, mit der sich Hettner kritisch auseinandersetzt, war August Wilhelm Schlegels Rezension »Goethes Hermann und Dorothea« im Taschenbuch für 1798, die weitaus populärer war als Humboldts Buch, so daß Hettner schreiben konnte: »Für die Beurtheilung von Goethe's Hermann und Dorothea lief August Wilhelm Schlegel's bekannte Recension, für die allgemeine Kunstlehre Schelling und seine Schule dem Buche Humboldt's den Rang ab.«[4] Wie gut Hegel diese Rezension kannte, beweist die fast wörtliche Übernahme bestimmter Schlegelscher Ausdrücke und Begriffe in seiner (erst postum veröffentlichten) *Ästhetik*.[5]

So führen die ausgewählten Texte mitten in eine kunstästhetische Kontroverse, die bis heute nicht ihre Lösung gefunden hat: verkürzt, die Auseinandersetzung zwischen realistischer und idealistischer Kunstbetrachtung.

Die Texte sind – mit Ausnahme des Humboldtschen – ungekürzt. Bei Wilhelm von Humboldts *Versuchen* verbot sich ein vollständiger Abdruck schon wegen des Textumfanges. Es wurde

aber versucht, den Leitgedanken der Arbeit zu erhalten, insbesondere auch jene Teile zu bringen, die einen Vergleich mit Schlegelscher Rezension ermöglichen. Da Hettners *Vorerinnerungen* ein Resümee des Humboldtschen Buches bieten, schließt sich auch die durch die Kürzungen entstandene Lücke.
Soweit möglich, wurden dem Druck die Erstausgaben der Aufsätze zugrunde gelegt. Die Textgestalt blieb unverändert.

Werner Berthel

1 Hermann Hettner, *Schriften zur Literatur und Philosophie*. Herausgegeben von Dietrich Schaefer. Mit einem Nachwort von Ludwig Uhlig, Frankfurt am Main 1967. (sammlung insel 31) S. 169

2 Hermann Hettner, »Geschichtliche Vorerinnerungen«. In: *Wilhelm von Humboldt's Aesthetische Versuche über Goethe's Hermann und Dorothea*. 3. Auflage. Braunschweig. Friedrich Vieweg und Sohn. 1861, S. V (Im vorliegenden Band, S. 184).

3 Hermann Hettner, »Geschichtliche Vorerinnerungen«. a.a.O., S. XV (ebenda, S. 195)

4 Hermann Hettner, »Geschichtliche Vorerinnerungen«. a.a.O., S. XII (ebenda, S. 192)

5 Schlegel schreibt: »Durch die zugleich erschütternde und erhebende Aussicht auf die großen Weltbegebenheiten im Hintergrunde ist Alles um eine Stufe höher gehoben, und durch eine große Kluft vom Alltäglichen geschieden. Die individuellen Vorfälle knüpfen sich dadurch an das Allgemeine und Wichtigste an, und tragen das Gepräge des ewig denkwürdigen Jahrhunderts.«
Hegel greift den Schlegelschen Gedanken auf: »Hier wird uns zwar der Blick auf den Hintergrund der in unserer Zeit größten Weltbegebenheit eröffnet, an welche sich dann die Zustände des Wirthes und seiner Familie, des Pastors und Apothekers unmittelbar anknüpfen...«.

Quellenangaben

Goethe, *Hermann und Dorothea*. Der Druck folgt dem Text aus: Goethe, *Werke in sechs Bänden* (Insel-Goethe). Eingeleitet von Emil Staiger. Frankfurt am Main 1965, Bd. I, S. 369–426.

August Wilhelm Schlegel, *Goethes Hermann und Dorothea*. Taschenbuch für 1798. Berlin. In: A. W. Schlegel's sämmtliche Werke. Herausgegeben von Eduard Böcking. Eilfter Band. Leipzig: Weidmann'sche Buchhandlung 1847. S. 183–221.

Wilhelm von Humboldt, *Ästhetische Versuche*. Erster Theil. Über Göthe's *Herrmann und Dorothea*. Braunschweig: Friedrich Vieweg 1799. S. 1–3; S. 95–96; S. 126–131; S. 274–276; S. 329–332; S. 337–340; S. 346–360.

Georg Wilhelm Friedrich Hegel, *Sämtliche Werke*. Jubiläumsausgabe in zwanzig Bänden. Vorlesungen über die Aesthetik. 3. Band. Stuttgart: Fr. Frommanns Verlag 1954. S. 417 (X3, 417).

Hermann Hettner, »Geschichtliche Vorerinnerungen«. In: *Wilhelm von Humboldt's Aesthetische Versuche über Goethe's Hermann und Dorothea*. 3. Auflage. Braunschweig: Friedrich Vieweg u. Sohn 1861. S. V–XVIII.

AUGUST WILHELM SCHLEGEL

(1798)

Obgleich dies Gedicht seinem Inhalte nach in der uns umgebenden Welt zu Hause ist, und, unsern Sitten und Ansichten befreundet, höchst faßlich, ja vertraulich die allgemeine Theilnahme anspricht, so muß es doch, was seine dichterische Gestalt betrifft, dem Nichtkenner des Alterthums als eine ganz eigne, mit nichts zu vergleichende Erscheinung auffallen, und der Freund der Griechen wird sogleich an die Erzählungsweise des alten Homerus denken. Sollte dieß weiter nichts auf sich haben, als eine willkürliche Verkleidung des Sängers in eine fremde altväterliche Tracht? Sollte die Aehnlichkeit bloß in Aeußerlichkeiten des Vortrags liegen? Es wäre wenigstens nicht billig, vor der Untersuchung so vermuthen: jene, auch dem oberflächlichen Betrachter sich darbietende, Wahrnehmung muß uns daher ein Wink sein, sie weiter zu verfolgen. Wenn ein Werk nach der aus ihm hervorleuchtenden künstlerischen Absicht zu beurtheilen ist, so darf die Rücksicht auf das homerische Epos hier so wenig ein überflüßiger Umweg scheinen, daß sie vielmehr das sicherste, ja das einzige, Mittel sein möchte, ein so viel möglich von allen Einflüßen eines einseitigen modernen Geschmacks gereinigtes Urtheil über den dichterischen Werth von Hermann und Dorothea zu bilden.

Gäbe es eine gültige Theorie der Poesie, worin die Vorschriften dieser Kunst aus den unabänderlichen Gesetzen des menschlichen Gemüths hergeleitet, nach dessen nothwendigen Richtungen die ursprünglichen Dichtarten bestimmt und ihre ewigen Gränzen festgestellt wären: so würden wir auch über das Wesen der epischen Gattung im Klaren sein, und der Kunstrichter hätte nur die schon bekannte Lehre auf einen vorliegenden Fall anzuwenden. Bis eine solche Wißenschaft zu Stande gebracht sein wird, muß man zufrieden sein, sich über Sätze, die man unmittelbar zu einer Kunstbeurtheilung braucht, mit dem Leser nothdürftig verständigt zu haben. Nicht nur dieß, sondern was eine Kritik am besten leitet und beurkundet, die Vergleichung mit klassischen Vorbildern, ist dadurch sehr erschwert worden, daß man diese seit Jahrhunderten durch das Medium irriger Kunstlehren angesehen, angebliche Tugenden an ihnen gepriesen, und was sich als ihre erste Vollkommenheit bewähren dürfte, getadelt oder gar nicht erkannt hat. Eine Geschichte der alten Poesie, worin, mit Hinwegräumung so vielfach gehäufter und tief gewurzelter Vorurtheile, ihr Gang nach der Wahrheit und mit durchgängiger Beziehung auf jene Wißenschaft verzeichnet wäre, würde vielleicht darthun, daß die Griechen durch eine ganz einzige Begünstigung der Natur (deren sie sich stolz bewußt waren, wenn sie im Gegensatz mit hellenischer Eigenthümlichkeit alle übrigen Völker Barbaren nannten) auch hier die Pflicht des Schönen aus freier Neigung erfüllt, und eine Reihe eben so vollendeter Urbilder für die Hauptgattungen der Poesie, wie für die verschiednen Stile der Bildnerei und Baukunst aufgestellt haben: wodurch denn die ziemlich allgemeine Meinung, die den alten Dichtern ein unverjährbares, fast ungemeßnes, Ansehen zugesteht, erst in Erkenntniß verwandelt werden würde.

Was das homerische Epos anlangt, so liegt es dem Theoristen ob, sein Wesen auf die ersten Gründe der Poetik zurückzuführen und an diesen zu prüfen; dem Geschichtschreiber der griechischen Poesie, es nach seinem Ursprunge zu erklären, das heißt, dessen nothwendige Entstehung aus einer bestimmten Stufe der Bildung zu zeigen, und es in das richtige Verhältniß mit den folgenden Stufen zu rücken. Wir begnügen uns hier mit dem Versuch, in aller Kürze eine in sich zusammenhängende Charakteristik der ursprünglichen epischen Gattung zu entwerfen, und davon zu der Frage überzugehen, wie der Dichter die Aufgabe gelöst hat, jene in unserm Zeitalter und unsern Sitten einheimisch zu machen.

Wir müßen hiebei zuvörderst alle gangbaren und in unsern Lehrbüchern immer wiederholten Begriffe von der sogenannten Epopöe gänzlich bei Seite setzen. Man hat dem Homer die unverdiente Ehre erzeigt, ihn zu deren Stifter zu machen: und wie man dieses künstliche, aus grundlosen theoretischen Behauptungen und Mißgriffen einer beabsichteten Nachahmung zusammengesetzte Gebäude für die würdigste, umfaßendste und prachtvollste Schöpfung der Dichterkraft ausgiebt, so pflegt auch jener schlichte Altvater unter den Baumeistern solcher Epopöen obenan zu prangen. Die historischen Untersuchungen eines scharfsinnigen Kritikers über die Entstehung und Fortpflanzung der homerischen Gesänge, die vor Kurzem die Aufmerksamkeit aller derer auf sich gezogen haben, welche Fortschritte in den Wißenschaften zu erkennen wißen, geben uns zum Glücke einen festen Punkt, wovon die künstlerische Betrachtung des Homer in einer ganz entgegengesetzten Richtung ausgehen kann. Wenn die Ilias und Odyssee aus einigen großen, für sich Bestand habenden Stücken zusammengeschoben, und diese wiederum, wo Lücken blieben, durch kleinere Stellen (nicht immer zum geschicktesten) an einander gefügt sind: so hätte man ja, indem man nur immer den wohlberechneten Bau des Ganzen anstaunte, ein fremdes Verdienst, das dem homerischen Zeitalter nicht zukommt, und nach dem Grade seiner Bildung nicht zukommen konnte, das obendrein in dem Maße gar nicht einmal vorhanden ist, für das Wichtigste bei der ganzen Sache gehalten. So wenig gegründet ist die gutherzige Klage, welche man oft von Freunden des Dichters führen hört: durch obige Behauptungen geschehe ein Einbruch in das Heiligthum des ehrwürdigen Alten; man zerreiße ihnen ihren Homer: daß vielmehr seine Rhapsodien dadurch erst von den fremdartigen Banden des Ganzen erlöst werden. Maß, Verhältniß und Ordnung, Vorzüge, die Homer selbst am Gesange rühmt (Od. VIII. 489. 496.), wird man noch in den kleinsten Theilen seines Epos gewahr, da man sie hingegen in der zusammengesetzten Länge der Ilias und Odyssee nicht selten aus den Augen verliert. Ein Mann, der zwar keineswegs befugter Richter über Poesie war, am wenigsten über antike, aber durch seinen Verstand auch da, wo der Gegenstand weit außer seiner Sphäre lag, sich oft überlegen bewiesen hat, Voltaire, sagt von Homer: Malheur à qui l'imiterait dans l'économie de son poëme! Heureux qui peindrait les détails comme lui! Es versteht sich, daß die epische Rhapsodie, wie jede Dichtart, nicht ohne ihre eigenthümliche poetische Einheit bestehen kann. Nur muß man diese nicht in einem Verstandesbegriffe suchen, wie meistens in den Theorien geschieht, wo denn auch der Unterschied zwischen der lyrischen Einheit, der epischen und der dramatischen, gänzlich verloren geht. Nur durchgängige Vollständigkeit und innere Wechselbestimmung des Ganzen und der Theile kann die Vernunft befriedigen; und diese höchste poetische Einheit haben die Griechen in der durchaus selbständigen und in sich beschloßenen Organisation ihrer Tragödie erreicht. Die epische Einheit bezieht sich nicht auf die Vernunft, die im homerischen Zeitalter noch längst nicht genug geübt war, um solch eine Forderung an ein dichterisches Werk zu machen; sondern sie gilt nur die Phantasie, d. h. sie ist nichts weiter als Umriß, sichtbare Begränzung. Daher läßt sie sich denn auch nicht absolut bestimmen: sie kann vergrößert und erweitert werden, bis die Masse der Anschauungen die sinnliche Auffaßungskraft übersteigt; und Aristoteles (der doch, wie man weiß, dem epischen Gedicht die Gesetze der Tragödie vorschreiben wollte) findet nur deswegen, Homer habe wohl gethan, nicht den ganzen trojanischen Krieg in Einem Gedichte zu behandeln, weil es dann nicht mehr leicht übersehbar (*εὐσύνοπτος*) gewesen sein würde. Auf der andern Seite ist die epische Einheit auch theilbar: kleine Stücke der Ilias und Odyssee enthalten sie noch in sich; Episoden von wenigen Zeilen (z. B. Il. IV. 372 ... 398.) können für sich als ein vollständiges Epos betrachtet werden, und sind wahrscheinlich meistentheils Auszüge aus längeren nicht mehr vorhandnen. Weit entfernt also, daß es gewaltsamer Mittel bedurft hätte, um einzelne Rhapsodien zu größeren Ganzen zusammen zu heften, in denen Uebereinstimmung und lebendiger Zusammenhang schon durch die Sage gegeben war, ist diese Leichtigkeit der Theilung und Vereinigung vielmehr eine natürliche Eigenheit der Gattung, nach welcher sie Pindarus sehr schicklich ῥαπτὰ ἔπη benennt.

Wäre der Gegenstand des Epos eine einfache untheilbare Handlung, so leuchtet es ein, daß diese Trennbarkeit und Vermehrbarkeit (man erlaube uns den Ausdruck) sich mit dem Wesen desselben nicht vertragen könnte; aber das darin Dargestellte ist immer eine Mehrheit: es sind Vorfälle, Begebenheiten. Aristoteles sagt: ›der epischen Gattung gemäß nenne ich die Vielheit der Fabeln‹ (ἐποποιϊκὸν δὲ λέγω τὸ πολύμυθον). Bloß physische Begebenheiten, bei denen nicht Menschen thätig, und zwar ihrem Charakter gemäßt thätig wären, würden freilich wenig Anziehendes für den Geist haben. Allein es ist gewiß, daß wir bei dem Bemühen, uns ein Geschehenes zu erklären, die Triebfedern und Beweggründe des Thuns gar nicht als vom Menschen hervorgebracht und abhängig, sondern als in ihm gewirkt denken, sie also auch nicht von der gesammten Masse der bewegenden Naturkräfte, als etwas Entgegengesetztes, absondern. Handlung im strengeren Sinne, das heißt Richtung der Kraft durch einen freien Entschluß, würde demnach eine in der Erfahrung vorkommende Thätigkeit erst durch den Standpunkt der Betrachtung, und in der Poesie durch den Standpunkt der Darstellung werden. Die Beantwortung der Frage, ob die Idee der Freiheit des Willens in der poetischen Darstellung nur durch Versinnlichung ihres Gegentheils erscheinen; ob eine durch jede äußere Gewalt unüberwindliche Selbstbestimmung ohne die Entgegensetzung einer unvermeidlichen Bestimmung von Außen, d. h. des Schicksals, anschaulich gemacht werden kann, und ihre Anwendung auf die griechische Tragödie, liegt außerhalb unsers Weges. Doch wird eine merkwürdige Andeutung im Wilhelm Meister über den Unterschied des Romans (der so viele Analogie mit dem epischen Gedichte hat oder haben sollte) und des Drama jeden forschenden Kunstrichter zu weiterem Nachdenken auffordern. ›Im Roman‹, wird daselbst behauptet, ›sollen vorzüglich Gesinnungen und Begebenheiten vorgestellt werden, im Drama Charaktere und Thaten; man könne dem Zufall im Roman gar wohl sein Spiel erlauben, das Schicksal hingegen habe nur im Drama Statt.‹ Wie zufällig in Homers Gesängen der ganze Hergang der Geschichte erscheint, selbst da, wo etwas einer entscheidenden Schickung Aehnliches vorkommt (wie Il. VIII. 66...77.) liegt am Tage.

Der Unterschied der epischen und dramatischen Dichtart, welche neuere Theoristen unter dem Namen der pragmatischen dem Wesen nach für einerlei erklärt haben, möchte also doch, wenigstens wenn wir dabei stehen bleiben, was Epos und Tragödie bei den Alten wirklich war, etwas tiefer liegen, als in der äußern Form, als darin, ›daß die Personen in dem einen sprechen, und daß in dem andern gewöhnlich von ihnen erzählt wird.‹ Ueberdieß ist es vergeblich, aus dem Begriff der Erzählung und des Dialogs die höchsten Vorschriften für jene Dichtarten entwickeln zu wollen. Dieß könnte nur in dem Fall gelingen, wenn die Kunst nichts weiter als eine leidende Nachahmung der Natur wäre, wozu man sie leider oft genug herabgewürdigt hat. Da sie aber eine selbstthätige, nach Gesetzen des menschlichen Gemüths erfolgende, Umgestaltung der Natur ist, so muß die poetische Erzählung, der poetische Dialog erst durch das Wesen der Dichtart, die sich beider bedient, seine Bestimmung empfangen. Die dieser immer untergeordnete Rücksicht auf die gewöhnliche Wirklichkeit tritt nur da ein, wo von der kunstgemäßen Wahrheit der Darstellung die Rede ist. Im alten Drama erzählen die Personen häufig, im homerischen Epos werden sie fast beständig redend eingeführt, und in lyrischen Gedichten kommt sowohl Erzählung als Gespräch vor: aber wie durchaus verschieden in jeder von diesen Gattungen. Der epische Dialog ist eben so wenig ein bloß natürlicher, als der tragische, dem er ganz entgegengesetzt ist; beide sind bis in ihre feinsten Bestandtheile nach dem Charakter des schönen Ganzen, wozu sie gehören, gebildet.

Man hört zuweilen von Homers kühner Begeisterung, von seinem raschen wilden Feuer nicht anders reden, als ob er etwa ein Dithyrambendichter oder gar ein enthusiastischer Prophet gewesen wäre. Es scheint wohl, daß hiebei Verwechslung der besungenen Gegenstände mit der Person des Sängers zum Grunde liegt. Seine Helden haben allerdings gewaltige Leidenschaften, aber er selbst erscheint völlig leidenschaftslos: was er erzählt, muß jedem fühlenden Hörer Theilnahme abnöthigen, aber er selbst äußert die seinige nie. Wie ein bloß beschauendes Wesen steht er über seinen Helden und über seinen Göttern, ordnet und trägt die in seinen mächtigen Tönen lebende Welt mit göttlicher, d. i. rein menschlicher Besonnenheit und Ruhe. Wie unter dem heitern umgebenden Himmel findet in dem Umfange seines Geistes jedes Ding eine schickliche Stelle, und erscheint in seinem wahren Lichte. Mit Einem Worte: das homerische Epos ist ruhige Darstellung des Fortschreitenden. Es ist niemals Darstellung des Ruhenden, oder sogenanntes poetisches Gemälde. Dieses ist dem Homer so fremd, daß, wo er beschreibt, er es auf eine Art thut, die das Ruhende in Fortschreitendes verwandelt: z. B. die Figuren auf dem Schilde des Achill; wiewohl dieser in den letzteren späteren Gesängen der Ilias vorkommt, und jener Homer, von dem die ersten Rhapsodien herrühren, ihn schwerlich so gedichtet hätte. Die über eine stürmische Theilnahme erhabne, und weder durch augenblickliches Anspannen noch Nachlassen veränderte Gemüthslage des Sängers macht zuerst alle Theile seines Gegenstandes auf gewisse Weise einander gleich; sie verleiht ihnen einerlei Rechte auf die Darstellung: die weniger bedeutenden, aber zum stätigen Fortgange nöthigen (z. B. das Aufstehn, Zu-Bett-gehn, Eßen, Trinken, Händewaschen, das Anlegen der Fußsohlen, Kleider und Waffen u. s. w.), werden nirgends verdrängt, und behaupten dicht neben den wichtigsten den ihnen zugemeßnen Raum. Die Zeitverhältnisse der Wirklichkeit werden aufgehoben, und Alles fügt sich in eine nach den Gesetzen schöner Anschaulichkeit geordnete dichterische Zeitfolge, wo das Dauernde, wenn die Einbildung es auf einmal erschöpfen kann, nur einen Moment der Darstellung einnimmt, und das noch so schnell Vorübergleitende bis zur vollendeten Entfaltung des in ihm sich drängenden Lebens festgehalten wird. Nirgends ein Stillstand des Gesanges; aber auch nirgends ein unzeitiges Forteilen, sondern das schönste Gleichgewicht und Maß der stätigen und unermüdlichen Bewegung. Der Sänger verweilt bei jedem Punkte der Vergangenheit mit so ungetheilter Seele, als ob demselben nichts vorher gegangen wäre, und auch nichts darauf folgen sollte, wodurch das Erquickliche einer lebendigen Gegenwart überall gleichmäßig verbreitet wird. In jedem Augenblicke ist daher zugleich sanfte Anregung und Beruhigung; und das epische Gebiet gleicht einem Garten des Alcinous, wo die Früchte ununterbrochen nach einander reifen, und jede zu ihrer Zeit sich willig vom Baume löst, um dem Genießenden in die Hand zu fallen.

Von diesem innern geistigen Rhythmus im Vortrage des Epos ist der demselben eigenthümliche Vers nur Ausdruck und hörbares Bild. Aristoteles nennt ihn das ruhigste und am meisten Gewicht habende unter den Silbenmaßen (*τὸ γὰρ ἡρωϊκὸν στασιμώτατον καὶ ὀγκωδέστατον τῶν μέτρων ἐστί*). Der griechische Hexameter hat weder einen fallenden Rhythmus, wie z. B. der trochäische Tetrameter, der daher leidenschaftlich mit fortreißt (*κινητικόν, ὀρχηστικόν*) noch einen steigenden, wie der jambische Trimeter, der sich bei einem gehaltnen Hinanstreben doch entschieden rüstig und gleichsam handelnd zeigt (*πρακτικόν*, natum rebus agendis); sondern er ist schwebend, stätig, zwischen Verweilen und Fortschreiten gleich gewogen, und kann deswegen, ohne zu ermüden, den Hörer auf einer mittleren Höhe in ungemeßne Weiten forttragen. Seine Mannichfaltigkeit, die überdieß an dem ursprünglich nach einem Zeitmaße gesungenen Verse weit weniger hervorstechen konnte, ist dabei wohl nur Nebensache. Warum unter dem reichsten epischen Wechsel eine so einfache metrische Formel unzählich oft wiederkehren darf, da eine noch so beschränkte pindarische Ode nicht ohne vielfach verschlungene Strophen bestehen kann; möchte denen schwer fallen zu erklären, die in der Theorie des Silbenmaßes vom Grundsatz der nachahmenden Harmonie ausgehen, und dadurch hier, wie überall, den Künstler zum bloßen Kopisten der Natur machen. Ist aber das Silbenmaß, ganz allgemein mit Abstraktion von allen besonderen Bestimmungen genommen, die Erscheinung des Beharrlichen im Wechselnden, verkündigt es die Identität des Selbstbewußtseins; so ist es klar, daß dieses im Zustande der hellsten Besonnenheit (der Unterscheidung des Selbst von den in ihm vorgestellten Objekten) stärker hervortritt, als in einer von Regungen durchdrungenen, strebenden Seele. Die äußeren Gegenstände schreiben dem menschlichen Gemüthe in der Kunst, wo sie ihm bloß Stoff sind, das Gesetz nicht vor, sondern sie empfangen es von ihm; und so ist es auch in Ansehung des Silbenmaßes. Aristoteles bemerkt sehr richtig, daß der Jambe am meisten den dialogischen Ton (*λεκτικὴ ἁρμονία*) an sich habe, wovon der

Hexameter sich weit entferne; dieser sei der erzählenden Darstellung geeignet, und es würde sich nicht schicken, ein Epos in einem andern Silbenmaße, oder gar in gemischten Silbenmaßen (z. B. die Erzählung in Hexametern, die Reden in Trimetern) zu dichten. Dennoch rühmt er es (c. 16.) am Homer, daß er in eigner Person so wenig als möglich sagt, und nach einer kurzen Vorrede sogleich einen Mann oder eine Frau redend einführt. Wie stimmte dieß nun zusammen, wenn der Dialog im Epos nicht in so fern seine Natur ablegen müßte, daß seine unstätige Flüchtigkeit durch die gleichförmige Ruhe der Darstellung gefeßelt wird?

Da die Reden bei weitem den größten Theil der homerischen Gesänge einnehmen, so ist es für den richtigen Begriff der Gattung eine Hauptsache, ihren Charakter recht zu faßen. Selbst in den kürzesten und leidenschaftlichsten ließe sich bei einer kleinen Zergliederung etwas nachweisen, wodurch sie episiert sind. In den ausführlicheren findet man alle wesentlichen Eigenschaften der ganzen Rhapsodie deutlich ausgedrückt. Man bemerkt kein Hinstreben zu einem Hauptziel, wenn dies auch in dem Inhalte der Rede vorhanden ist; jedes, wodurch das Folgende vorbereitet wird, scheint doch nur um sein selbst willen da zu stehn: ganz das verweilende Fortschreiten, die sinnlich belebende Umständlichkeit, die besonnene Anordnung, die leichte Folge, die lose Verknüpfung, wie im Epos überhaupt. In diesem Sinne sind auch die zusammengesetzten Beiwörter und die Episoden zu nehmen, die in leidenschaftlichen Reden, wenn man die Darstellung als bloße Natur verstehen sollte, sehr fehlerhaft sein würden, und oft unverständig genug getadelt worden sind. Die Willigkeit des epischen Sängers zu Episoden überzugehn, wo sie sich irgend gefällig anschlingen laßen, liegt darin, daß die Gegenstände sich seiner nie bemeistern: er kann sich daher selbst in dem entscheidendsten Augenblicke leicht abmüßigen, um der Phantasie etwas Entfernteres nahe zu rücken. Was von der Rede und Episode, gilt auch vom homerischen Gleichnisse; es dient nicht bloß, sondern genießt im schönen völligen Umriße freies Leben, und ist gleichsam ein Epos in verjüngtem Maßstabe. Mancher wird es vielleicht zu weit getrieben finden, wenn wir behaupten, auch in der homerischen Wortstellung und Wortfügung, der faßlichsten, losesten, aber gefälligsten, die sich denken läßt, erkenne man die Verknüpfungsweise der Rhapsodie, und die Sprache sei durch die feinen ausfüllenden Partikeln und den vielsilbigen Überfluß ihrer Biegungen einzig gemacht, die stätige, sanft hingleitende Folge zu bezeichnen. Aber von der erstaunenswürdigen Konsequenz dieser bloß durch einen glücklichen Instinkt gefundnen und zur Vollendung gebrachten Dichtart kann es unter andern ein Beispiel sein, daß die Redefigur, wo die gegenwärtige Zeit statt der vergangenen gebraucht wird, die einem lebhaften Erzähler so natürlich ist, und deren sich schon Virgil fast unaufhörlich bedient, in der ganzen Ilias und Odyssee nicht ein einziges Mal vorkommt. Apollonius enthält sich derselben auch, weil er der homerischen Form, die nun freilich, nachdem der Geist entwichen, zur Formel geworden war, treuer bleibt als Virgil. Er ist matt und kalt; das am meisten Summarische im Homer ist lebendiger als das Ausgeführteste bei ihm. Ueberhaupt verbrauchten die spätern epischen Dichter zu kurzen Werken sehr viel mythischen Stoff: das Geheimniß der schönen Entfaltung war verloren gegangen.

Virgil schuf mit römischem Nachdrucke eine ganz eigne Art der Epopöe. In ihm, der den Neueren weit mehr Vorbild geworden ist als Homer, kann man den Unterschied der vermischten Gattung, der wir jenen Namen geben, von dem reinen ursprünglichen Epos auffallend zeigen. Abgesehen von der künstlicheren Verknüpfung des Ganzen, und dem Bestreben, tragische Nothwendigkeit in die Handlung zu bringen, hört man in der Aeneis gar nicht jenen ruhigen Rhythmus des Vortrags. Virgil verräth oder affektiert Theilnahme, und geht darin bis zu manierierten

Ausrufungen über und an seine Helden (IV. 408. ff.) Seine Sprache hat Feierlichkeit, Hoheit, Pracht, womit er selbst gemeine Dinge zu überkleiden sucht; da hingegen Homers Ausdruck kräftig, aber einfältig, niemals prangend und übertreibend, und durchaus nur durch Entfaltung veredelnd ist. Die ruhigen Reden beim Virgil sind rhetorisch, die leidenschaftlichen mimisch; sie ahmen nämlich das Stürmische und Unordentliche der Gemüthsbewegungen unmittelbar nach. Er ist stellenweise mehr oder weniger homerisch, wo der Stoff ihn zur Ruhe veranlaßt, wie bei den Wettspielen im fünften Buch vorzüglich; am wenigsten in der mit Recht bewunderten Geschichte der Dido, einem tragischen Bruchstücke, das nicht nur der am wenigsten homerische, sondern geradezu der modernste Theil seines Gedichtes heißen kann.

Bei den obigen Betrachtungen über das alte Epos ist mit Fleiß nicht von dem mythischen Elemente desselben, noch weniger von dem, was bloß national und lokal darin ist, die Rede gewesen. Man darf sich nicht wundern, daß die modernen Nachfolger Homers das Absonderungsvermögen, die Darstellung vom Dargestellten, Form und Stil vom Inhalte zu scheiden, nicht beseßen zu haben scheinen, da es den Theoristen der Epopöe, welchen Homer doch immer die oberste Autorität ist, so offenbar daran gefehlt hat. In das Heroische, in das Wunderbare, in das Erhabene, in die Wichtigkeit der Handlung, in den Umfang des Gedichts, in die Würde der Personen, in die Feierlichkeit des Tons, und worein nicht alles, hat man das Wesen der Epopöe gesetzt. Besonders hat man das Wunderbare, worunter man hier die Dazwischenkunft der höheren Wesen verstand, zu einer unerlaßlichen Bedingung gemacht. In der alten Tragödie erscheinen die Götter häufig; sie streiten für und wider einen Helden, wie in den Eumeniden des Aeschylus; oder die Scene spielt auch ganz in der Götterwelt, wie im Prometheus. Dennoch kann man sie deswegen nicht in dem Sinne wunderbar nennen, wie das homerische Epos: weil dort die Götter mit den Menschen in demselben Bezirke der Nothwendigkeit stehen, und handeln; in dem letzten hingegen erscheint die Einwirkung der Götter in noch höherem Grade zufällig als das Thun der Menschen. Wenn das Wunderbare (Aristol. Poet. c. 24.) vorzüglich aus dem Grundlosen entspringt, was über den uns erklärlichen Lauf der Dinge hinausgeht, so mußte allerdings in Homers Zeitalter ein Ueberfluß daran vorhanden sein. Denn man begriff sehr wenig von der Kette der Ursachen und Wirkungen in der Natur: darum ließ man sie durch lebendige Wesen verrichten; der Mensch hatte sich noch nicht zum Bewußtsein der vollständigen Selbstbestimmung durch Freiheit erhoben, daher gestand er den Göttern Einfluß auf seine Entschließungen zu.

Aber wer bestimmte nun das Wollen der Götter? Es scheint, sie hätten dazu wieder ihre Götter nöthig gehabt, und so ins Unendliche fort. Ist die selbstthätige Unabhängigkeit der ganz menschlich vorgestellten Götter begreiflich, so wäre die der Menschen es auch gewesen. Kann ein Dichter im Zeitalter der erleuchteten Vernunft uns zu dieser Stufe ihrer Kindheit zurück versetzen wollen? Ganz richtig hat man bemerkt, daß Homers Helden weniger groß sind, weil sie so Vieles nicht durch sich selbst ausführen. Wenn das Bemühen der Olympier, für und wider sie, uns einen Schimmer höherer Würde um sie her zu verbreiten scheint, so versetzen wir uns nicht genug in die homerische Denkart. Damals mischten sich ja die Götter in die gemeinsten Händel des Lebens; sie waren so wohlfeil, daß Autolykus durch die Gunst der Hermes mit Dieberei und Meineid geschmückt sein konnte (Od. XIV. 396.), und auch die Bettler ihre Götter und Erinnyen hatten (Od. XVII. 475.). Wer wird es leugnen, daß die über Alles reizende Unvernunft der homerischen Götterlehre seine Dichtung mit der blühendsten Mannichfaltigkeit bereichert und die auserwählte Gefährtin des frischen lustigen Heldenlebens ist? Allein soll man mit Homer in demjenigen wetteifern, was ihm die Zeit verliehen hat, und sich quälen, es ihr zum Trotz hervorzurufen? Der Mythus (in der Bedeutung, da er noch von der historischen Sage unterschieden wird) kann nur dann für die Poesie begünstigend sein, wenn er lebt, d. h. wenn er als Mythus, als die unwillkürliche Dichtung der kindlichen Menschheit, wodurch sie die Natur zu vermenschlichen strebt, entstanden, und noch bestehender Volksglaube ist. Er kann nicht die willkürliche Erfindung eines Einzelnen sein. Aus diesem Grunde gewährt die Ritter- und Zauber-Sage des Mittelalters, die nichts anderes war, als der abenteuerliche Geist der Zeit in Bilder gekleidet, dem romantischen Heldengedicht den Vorzug der Lebendigkeit und volksmäßigen Wahrheit, den das künstlich ersonnene Wunderbare der modernen Epopöen durchaus nicht haben kann. Schon Virgil hätte als Beispiel warnen sollen, wie wenig mit der Dazwischenkunft der Götter ausgerichtet wird, wenn sie nicht mehr Volksglaube ist, und also nicht zu dem Bilde des Weltganzen gehört, welches die Phantasie des Dichters aus der Wirklichkeit auffaßt. Die neueren Epopöendichter haben vor allen Dingen das Uebernatürliche gesucht; sie haben nicht nur dieß, sondern sogar das Außernatürliche gefunden, und sich zuletzt in der Hölle und im Himmel verloren. Es fehlt nur noch an einer gänzlich extramundanen Epopöe. Ihre Werke sind daher auch bloß gelehrt, und haben nie von den Lippen des Volks getönt (Tassos befreites Jerusalem ausgenommen, mit dem es hierin eine eigene Bewandtniß hat), da Homer der popularste aller Sänger war, weil seine Dichtung vom Leben ausgieng, und darauf zurück führte.

Es ist also offenbar, daß man sein Epos auf eine ganz entgegengesetzte Art, als man bisher gethan, nachbilden muß, wenn es überhaupt geschehen soll. Dieser Zweifel wird diejenigen befremden, die gewohnt sind, die homerischen Epopöen als den Gipfel der Poesie, als den höchsten unerreichbaren Schwung des menschlichen Geistes anzusehen: eine Meinung, von der man selbst bei der neumodigeren Ansicht, den hellenischen Sänger in einem wilden Natursohn, einen rohen nordischen Barden zu verkleiden, nicht abgewichen ist; denn es hängt mit der empfindsamen Klage über das Elend der Kultur zusammen, die Poesie für eine Naturgabe zu halten, die durch Bildung unvermeidlich verloren gehe. Die Griechen selbst scheinen den Homer durch eine sehr begreifliche Verwechslung des Ehrwürdigsten mit dem Vollkommensten obenan zu stellen; und wer wäre mit ihm zu vergleichen, wenn der Name einen einzelnen Menschen, den alleinigen Schöpfer der Ilias und Odyssee, bezeichnete? Aber die Harmonie der griechischen Bildung läßt schon vermuthen, daß die Poesie mit den übrigen Künsten und Bestrebungen gleichen Schritt gehalten haben wird; und die Geschichte zeigt uns, wie sie sich von leichter Fülle (epische Periode) zu energischer Einzelheit erhob (lyrische Periode), und durch innige Verschmelzung beider endlich zu harmonischer Vollständigkeit und Einheit gelangte (dramatische Periode). Wenn also die lyrische Poesie mit dem Jugendalter, die dramatische mit dem männlichen verglichen werden kann; so vereinigt die epische die Unbefangenheit des Knaben mit der Erfahrenheit und dem sichern Blick des Greises. Die epische Schönheit ist die einfachste, und konnte daher zunächst nach den wilden rhythmischen Ergießungen, die noch nicht freies Spiel, sondern Entledigung vom Drange eines Bedürfnisses waren, gefunden werden. Besonnenheit ist die früheste Muse des nach Bildung strebenden Menschen, weil in ihr zuerst das ganze Bewußtsein seiner Menschheit erwacht. Also nicht als die höchste oder vorzüglichste, aber als eine reine, vollendete Gattung hat das Epos ewig gültigen Werth. Seiner Einfachheit wegen kann man es noch ohne Kunstsinn als Natur genießen, was bei den Kunstbildungen eines Sophokles zum Beispiel nicht möglich ist. In diesem Stücke, wie in allem Wesentlichen, stimmt Hermann und Dorothea, ungeachtet des großen Abstandes der Zeitalter, Nationalcharakter, und Sprachen erstaunenswürdig mit seinen großen Vorbildern überein.

Ein Dichter, dem es nicht darum zu thun ist, ein Studium nach der Antike zu verfertigen, sondern mit ursprünglicher Kraft, national und volksmäßig, zu wirken, wie es einem epischen Sänger geziemt, wird seinen Stoff nicht im klassischen Alterthume suchen, noch weniger aus der Luft greifen dürfen. Damit die lebendige Wahrheit nicht vermißt werde, muß seine Dichtung festen Boden der Wirklichkeit unter sich haben, welches nur durch die Beglaubigung der Sitte oder der Sage möglich ist. Beides kommt eigentlich auf eins hinaus: denn eine Sage aus fernen Zeitaltern wird nur dadurch zu solch einer Behandlung tauglich, daß sich mit ihr ein anschauliches Bild von der damaligen Sitte und Lebensweise unter dem Volke fortgepflanzt hat. So könnte vielleicht ein schweizerischer Dichter Geschichten aus den Zeiten der Befreiung der Schweiz und der Entstehung des Bundes mit Vortheil episch behandeln, weil ihr Andenken durch Verfaßung, Volksfeste, und wenig veränderte Sitten immer noch neu erhalten wird. Wenn der Dichter aber keine Sagen vorfände, oder aus Wahl keinen Gebrauch von vorhandenen machte, so müßte er nothwendig in seinem Zeitalter, unter seinem Volke daheim bleiben. Es fragt sich nun weiter, was er in diesem Kreiße herausheben, ob sich die Darstellung lieber auf das öffentliche oder auf das Privat-Leben wenden soll. Man wird geneigt sein zu glauben, Begebenheiten, die auf das Wohl und Wehe vieler Tausende den wichtigsten Einfluß haben, seien vorzüglich geschickt, auch in der Poesie groß und ergreifend zu erscheinen; was allerdings gegründet ist, so lange man sie nur durch allgemeine Ansichten in große Massen zusammen faßt. Allein damit kann sich die epische

Ausführlichkeit nicht begnügen: sie muß sehr ins Einzelne gehn, sie kann den Gang einer Begebenheit durchaus nur an bestimmten Thätigkeiten der Mitwirkenden fortleiten; und hier ist es eben, wo sich die unüberwindliche Sprödigkeit eines solchen Stoffs offenbaren würde. Was nämlich wißenschaftlich oder mechanisch betrieben wird, wobei nach politischen und taktischen Berechnungen eine Menge Menschen wie bloße Werkzeuge mit gänzlicher Verzichtleistung auf ihre sittliche Selbstthätigkeit in Bewegung gesetzt werden; was für die lenkenden Personen selbst einzig Angelegenheit des Verstandes ist, die außerhalb der Sphäre ihrer sittlichen Verhältnisse liegt: dem ist schlechterdings keine poetische Seite abzugewinnen. In den öffentlichen Geschäften des Friedens kann nur da, wo die Verfaßung ächt republikanisch ist; in denen des Krieges konnte unter den Griechen nur im heroischen Zeitalter, unter uns nur in den Ritterzeiten, der Mensch mit seiner ganzen geistigen und körperlichen Energie auftreten. Ein in unserm Zeitalter und unsern Sitten einheimisches Epos wird daher mehr eine Odyssee als ein Ilias sein, sich mehr mit dem Privatleben als mit öffentlichen Thaten und Verhältnissen beschäftigen müßen. Doch hier öffnet sich wieder eine neue Aussicht von Schwierigkeiten, die, wenn die Aufgabe nicht gelöst vor uns läge, die Ausführbarkeit sehr zweifelhaft machen könnten. In den höheren Ständen wird die freie Bewegung, Aeußerung, Berührung und Wechselwirkung der Gemüther durch tausend konventionelle Feßeln gehemmt; in den unteren durch den Druck der Bedürfnisse und den Mangel am Gefühl eigner Würde. Die künstlich zusammengesetzte, glänzende, aber leere Geselligkeit der feineren Welt kann, von dem Dramatiker in komische, also bestimmt gerichtete, parteiische Darstellungen zusammengedrängt, im höchsten Grade unterhalten. In der ruhigen, parteilosen Entfaltung des epischen Dichters müßte sie todt und herzlos erscheinen. Die Rohheit und Niedrigkeit der Gesinnungen, worein die geplagten Lastträger der bürgerlichen Gesellschaft natürlicher Weise versinken, könnte nur allenfalls zu rhyparographischen Idyllen den Stoff herleihen. Freilich kann sich große und schöne Natur überall entwickeln; aber unter dem ungünstigen Einfluße erschlaffender Verfeinerung oder verhärtender Abhängigkeit aufgestellt, müßte sie uns wie eine unwahrscheinliche Ausnahme vorkommen. Der Dichter hat also nur eine enge Wahl unter den mittleren Ständen, wo es immer noch nicht so leicht sein wird, Lagen für seine Person zu ersinnen, wodurch sie entfernt von steifen Konventionen, unverdorben, gesund an Leib und Gemüth, und doch nicht in allzu dumpfer Beschränktheit erhalten werden. In dem vorliegenden Gedichte ist dieß auf das Glücklichste getroffen. Hermanns Aeltern haben das sichre Gefühl der Unabhängigkeit, welches Wohlhabenheit giebt; doch wird ihre Wohlhabenheit nicht in Trägheit genoßen, sie ist durch redlichen Fleiß erworben. Sie sind Landbauer, ein Gewerbe, das, mit Umfang und einer gewissen Freiheit getrieben, den Menschen zum wohlthätigen Umgange mit der Natur einladet; daneben Gastwirthe in einer kleinen Stadt, was sie im Verkehr mit Menschen geübt hat, ohne sie zur Nachahmung großstädtischer Sitten zu verleiten. Dorothea tritt zwar in der Tracht einer Bäurin, aber einer im Wohlstande erzogenen, auf, und die reife Festigkeit, ja die zarte Bildung ihres Geistes wird aus ihrer besondern Geschichte befriedigend erklärt. Der Geistliche und der Dorfrichter dürfen, ihren Verhältnissen nach, Kenner des menschlichen Herzens, jener ein jugendlich heitrer, dieser ein durch Unglück geprüfter, ernster Weiser sein. Man bemerke die Kunst des Dichters, wie er uns in dem Prediger den Mann zeigt, der in der feinsten Gesellschaft sich ganz an seiner Stelle finden würde, der aber alle äußerliche Ueberlegenheit abzulegen, und seine Mittheilungen zu vereinfachen weiß; und wie er dem Gemälde seiner Bildung die schlichteste, bescheidenste Farbe giebt.

Alles dieß verschafft nun den Vortheil, daß an den handelnden Personen jene Entwicklung der Geistesstärke, wodurch eine Welt von höheren sittlichen Beziehungen sich aufthut, die für den roheren Menschen gar nicht vorhanden ist, mit Einfalt der Sitten verträglich wird. Einfalt aber, gleichsam der Stil der Natur und der Sittlichkeit im Erhabnen, wie Kant sagt, ist dem epischen Gedichte überhaupt angemeßen, weil sie uns in dem Dargestellten einen Widerschein von der Einfachheit der Darstellung erblicken läßt. Vollends in einem solchen, welches seinen Stoff aus unserm Zeitalter und einheimischen Sitten entlehnt, ist sie das einzige Mittel, die Handelnden mit dichterischer Würde, die kein Rang verleiht, zu umgeben. Wir meinen hier nicht die abgemeßne Feierlichkeit mancher modernen Epopöenhelden, die man sich gepanzert und dabei mit Allongenperücken und Manschetten vorstellen kann; sondern etwas, das uns mit ähnlicher Ehrerbietung erfüllen könnte, als den Griechen zu Homers Zeit die heroische Kraft seiner großen Gestalten einflößen mußte, an welcher die Welt schon damals hinauf sah. Und was wäre dieß anders als edle Einfalt? Mag der Weltmann immerhin darüber spotten, daß hier die Wirthin zum goldenen Löwen als ein Vorbild weiblicher Vernunft und milder Größe besungen wird; daß Hermann seiner Geliebten, einer Bäurin, den Vorschlag thut, als Magd in das Haus seiner Aeltern zu kommen: der Dichter befragt nur Natur und Sittlichkeit, und wo sie reden, versinkt jede Uebereinkunft der Meinung und der Mode in ihr Nichts.

Die Sitten wären also gefunden: aber nun hat der Dichter eine epische Begebenheit zu suchen. In der glücklichen Beschränkung jener Stände finden zerstörende Leidenschaften, kühne Unternehmungen, erstaunenswürdige Thaten natürlicher Weise nicht statt. Und dennoch bedarf er, zwar keiner tragischen Verwickelung, aber doch eines Vorfalles, welcher Größe für die Phantasie habe. Er muß seine Menschen in entscheidende Lagen stellen, damit nicht bloß die Oberfläche ihres Daseins geschildert, sondern ihr Innerstes an das Licht gedrängt werde. Wenn nun die Dichtung nicht über den stillen Kreiß des häuslichen Lebens hinausgeht, und nur die anlockendsten Scenen desselben zu schmücken sucht, so ergiebt sich hieraus die Idee zu ländlichen Sittengemälden im epischen Vortrage, einer anmuthigen gemischten Gattung, wovon wir an Voßens Luise ein so vortreffliches und in seiner Art einziges Beispiel besitzen. Ein eigentliches Epos ist es freilich nicht, wie es denn der Dichter selbst auch nicht so genannt hat, da es mehr Darstellung des Ruhenden, als ruhige Darstellung des Fortschreitenden ist. Denn Familienfeste, wie ein Spaziergang, ein Besuch nach einiger Trennung, selbst eine auf überraschende Art früher gefeierte Hochzeit zweier Liebenden, deren Verbindung schon vor dem Anfange des Gedichtes ausgemacht war, und deren Gefühle für einander durch das Ganze hin unverändert blieben, sind etwas nur physisch, in der Zeit, nicht ethisch, d. h. im Gemüth und in den innern Verhältnissen der Handelnden, Fortschreitendes.

Der große Hebel, womit in unsern angeblichen Schilderungen des Privatlebens, Romanen und Schauspielen, meist Alles in Bewegung gesetzt wird, ist die Liebe. Die phantastische Vorstellungsart, das, wodurch die Natur den Menschen in das Heiligthum der geselligen Bande nur einführt, was die in ihm schlummernden Kräfte zu edler Thätigkeit zu wken bestimmt ist, als den Mittelpunkt und das letzte Ziel des Lebens anzusehn, und es dadurch in eine müßige Schwelgerei des Gefühls zu verwandeln, ist uns leider so geläufig, daß wir die Häßlichkeit und Verworrenheit unsrer gewöhnlichen Romanenwelt gar nicht gewahr werden. Bei der Schlaffheit solcher Leser, die in einem Romane, gänzlich unbekümmert um sittliche Eigenthümlichkeit, nur das gehörige Maß von gesetzlosem Ungestüm der Leidenschaft verlangen, darf es nicht wundern, wenn ein Werk wie Wilhelm Meister unbegriffen angestaunt wird, weil es die Vielseitigkeit der menschlichen Bestrebungen mit der höchsten Klarheit auseinander breitet, und daher der Liebe nur einen untergeordneten Platz einräumt. Auch in Hermann und Dorothea ist sie nicht eine eigentliche romanhafte Leidenschaft, die zu dem großen Stile der Sitten nicht gepaßt hätte; sondern biedre, herzliche Neigung, auf Vertrauen und Achtung gegründet, und in Eintracht mit allen Pflichten des thätigen Lebens, führt jene einfachen, aber starken Seelen zu einander.

Ohne ein Zusammentreffen außerordentlicher Umstände würde daher auch die Entstehung und Befriedigung solch einer Liebe in den leisen unbemerkten Gang des häuslichen Lebens miteintreten, und nicht mit schleuniger Gewalt unerwartete Erscheinungen hervorrufen. Dieß letzte hat der Dichter durch ein einziges Mittel bewirkt, woraus dann Alles mit so großer Leichtigkeit herfließt, als hätte gar keine glückliche Erfindungskraft dazu gehört, es zu entdecken. Auf den Umstand, daß Hermann Dorotheen als ein fremdes, durch den Krieg vertriebnes Mädchen unter Bildern der allgemeinen Noth zuerst erblickt, gründet sich die Plötzlichkeit seiner Entschließung, der zu befürchtende Widerstand seines Vaters, und das Zweifelhafte seines ganzen Verhältnisses zu ihr, das erst mit dem Schluße des Gedichtes völlig gelöst wird. Durch die zugleich erschütternde und erhebende Aussicht auf die großen Weltbegebenheiten im Hintergrunde ist Alles um eine Stufe höher gehoben, und durch eine große Kluft vom Alltäglichen geschieden. Die individuellen Vorfälle knüpfen sich dadurch an das Allgemeine und Wichtigste an, und tragen das Gepräge des ewig denkwürdigen Jahrhunderts. Es ist das Wunderbare des Gedichts, und zwar ein solches Wunderbares, wie es in einem Epos aus unsrer Zeit einzig stattfinden darf; nämlich nicht ein sinnlicher Reiz für die Neugier, sondern eine Aufforderung zur Theilnahme, an die Menschheit gerichtet.

Es versteht sich von selbst, daß das oben über die unbestimmte epische Einheit Bemerkte bei einem ganz erfundnen Stoffe einige Einschränkung leidet. Was die schon durchgängig dichterisch gestaltete Sage gegeben, kann der Sänger fast in einem beliebigen Punkte aufnehmen (nach Homers eigenem Ausdruck Ἔνθεν ἑλών, Od. VIII. 500.), und auch, sobald die Rhapsodie eine schöne Rundung gewonnen hat, bei einem schicklichen Einschnitte wieder fallen laßen; denn er darf darauf rechnen, daß die Hörer über die weiteren, ihnen schon bekannten, Schicksale seiner Helden nicht in Unruhe bleiben werden. Aber die Aufführung von Personen, denen nur die Macht des Dichters Leben verliehen hat, macht eine vollkommnere Befriedigung, eine strengere Begränzung nothwendig. Uebrigens ist jedoch die Anlage des Ganzen durchaus episch, und nicht dramatisch. Keine künstliche Verwickelung, keine gehäuften Schwierigkeiten, keine plötzlich eintretenden Zwischenfälle, keine auf einen einzigen Punkt hindrängende Spannung. Alles ist einfach, und gleitet ohne Sprung in einer unveränderten Richtung fort, deren Ziel man bald vorhersieht. Man kann sagen, daß Verknüpfung und Auflösung durch das Ganze gleichmäßig vertheilt ist, oder vielmehr, daß durch eine Mehrheit von kleineren an einander gereihten Verknüpfungen und Auflösungen das Gemüth immer von Neuem angeregt, doch nie in dem Grade mit fortgerißen wird, daß es die Freiheit der Betrachtung verlöre. Die häufig bewirkte Rührung ist daher niemals eine durch Ueberraschung abgejagte, oder das bloße Mitleid mit geängstigten Seelen, sondern die sanfteste und reinste, welche allein dem Adel der Gesinnungen gilt.

So einfach wie die Geschichte ist auch die Zeichnung der Charaktere. Alle starken Kontraste sind vermieden, und nur durch ganz milde Schatten ist das Licht auf dem Gemälde geschloßen, das eben dadurch harmonische Haltung hat. Bei Hermanns Vater wird die mäßige Zugabe von Eigenheiten, von unbilliger Laune, von behaglichem Bewußtsein seiner Wohlhabenheit, das sich durch Streben nach einer etwas vornehmeren Lebensart äußert, durch die schätzbarsten Eigenschaften des wackern Bürgers, Gatten und Vaters reichlich vergütet. Der Apotheker unterhält uns auf seine Unkosten; aber er thut es mit so viel Gutmüthigkeit, daß er nirgends Unwillen erregt, und selbst sein offenherziger Egoismus, von dem man anfangs Gegenwirkung befürchtet, ist harmlos. Dergleichen naiv lustige Züge sind ganz im Geiste der epischen Gattung: denn ihr ist eine idealische Absonderung der ursprünglich gemischten Bestandtheile der menschlichen Natur fremd, woraus erst das rein Komische und Tragische entsteht. Uebrigens kann man Herzlichkeit, Geradsinn und gesunden Verstand den allgemeinen Charakter der handelnden Personen nennen; und doch sind sie durch die gehörigen Abstufungen individuell wahr bestimmt. Die Mutter, den Pfarrer und den Richter, unter denen es schwer wird zu entscheiden, wo die sittliche Würde am reinsten hervorleuchtet, erwähnten wir schon vorhin. Wie schön gedacht ist es, beim Hermann die kraftvolle Gediegenheit seines ganzen Wesens mit einem gewissen äußern Ungeschick zu paaren, damit ihn die Liebe desto sichtbarer umschaffen könne! Er ist eins von den ungelenken Herzen, die keinen Ausweg für ihren Reichthum wißen, und denen die Berührung entgegenkommender Zärtlichkeit nur mühsam ihren ganzen Werth ablockt. Aber da er nun das für ihn bestimmte Weib in Einem Blicke erkannt hat, da sein tiefes inniges Gefühl wie ein Quell aus dem harten Felsen hervorbricht, welche männliche Selbstbeherrschung, welchen bescheidenen Edelmuth beweist er in seinem Betragen gegen Dorotheen! Er wird ihr dadurch beinahe gleich, da sie ihm sonst an Gewandtheit und Anmuth, an heller Einsicht und besonders an heldenmäßiger Seelenstärke merklich überlegen ist. Ein wunderbar großes Wesen, unerschütterlich fest in sich bestimmt, handelt sie immer liebevoll, und liebt sie nur handelnd. Ihre Unerschrockenheit in allgemeiner und eigner Bedrängniß, selbst die gesunde körperliche Kraft, womit sie die Bürden des Lebens auf sich nimmt, könnte uns ihre zartere Weiblichkeit aus den Augen rücken, mischte sich nicht, dem Jüngling gegenüber, das leise Spiel sorgloser, selbstbewußter Liebenswürdigkeit mit ein, und entriße nicht ein reizbares Gefühl, durch vermeinten Mangel an Schonung überwältigt, ihr noch zuletzt die holdesten Geständnisse. Hinreißend edel ist ihr Andenken an den ersten Geliebten, dessen herrliches Dasein ein hoher Gedanke der Aufopferung verzehrt hat. Seine Gestalt, obgleich in der Ferne gehalten, ragt noch am Schluße unter allen Mithandelnden hervor, und so wächst mit der Steigerung schöner und großer Naturen das Gedicht selbst gleich einem stillen, mächtigen Strome.

Mit eben der Kraft und Weisheit, womit der Dichter bei der Wahl oder vielmehr Erschaffung des Darzustellenden dafür gesorgt, daß es der schönen Entfaltung so würdig, so rein menschlich, und doch zugleich so wahr und eigenthümlich wie möglich wäre, hat er den anmaßungslosen Stil der Behandlung dem Werke nicht von Außen mit schmückender Willkür angelegt, sondern als nothwendige Hülle des Gedankens von Innern hervorgebildet. Es scheint, als hätte er, nachdem er das Wesen des homerischen Epos, abgesondert von allen Zufälligkeiten, erforscht, den göttlichen Alten ganz von sich entfernt, und gleichsam vergeßen. Wie überhaupt leidende Annahme leicht, freie Aneignung und Nachfolge aber eine Prüfung der Selbständigkeit ist, so wäre es auch keine so schwierige Aufgabe, einen modernen Gegenstand ganz in homerische Manieren zu kleiden. Allein es fragt sich, wie es bei dieser Anhänglichkeit an den Buchstaben um den Geist stehen würde. Alle Form hat nur durch den ihr inwohnenden Sinn Gültigkeit, und bei veränderter Beschaffenheit des Stoffes, worin sie ausgeprägt werden soll, muß der Geist auch anders modificierte Mittel, sich auszudrücken, suchen. Dergleichen äußerliche Abweichungen sind alsdann wahre Uebereinstimmung. Homers Rhapsodien waren ursprünglich bestimmt, gesungen, und zwar aus dem Gedächtnisse gesungen zu werden; in einer Sprache, welche in weit höherem Grade als die unsrige die Eigenschaften besitzt, derentwegen Homer die Worte überhaupt geflügelt nennt. Die häufige Wiederkehr einzelner Zeilen, die Wiederholung ganzer, kurz vorher da gewesener, Reden, und manche kleine Weitläuftigkeiten konnten daher vor dem Ohr des sinnlichen Hörers, das sie tönend füllten, leichter vorüberwallen: dem heutigen Leser (der nur allzu selten der Poesie Stimme zu geben, oder sie auch nur zu hören versteht) möchten sie einförmig und ein unwillkommener Aufenthalt dünken. In Hermann und Dorothea kommt nur eine einzige Wiederholung vor, und, so gespart, thut sie eine Wirkung, die bei häufigerm Gebrauche verloren gegangen wäre: sie lenkt die Aufmerksamkeit zweimal auf die so bedeutende Schilderung von Dorotheens Tracht und Gestalt. Homer pflegt jede Rede durch eine ganze Zeile anzukündigen, wobei denn oft dieselbe wiederkommt. Unser Dichter thut jenes ebenfalls, doch so, daß er immer mit den Nebenzügen wechselt; mehrmals läßt er aber die Rede mitten im Hexameter anfangen, schickt auch wohl einige Worte davon voran, und flicht dann die Erwähnung der redenden Personen kurz ein: beides thut Homer niemals, vielleicht weil der Vortrag des Sängers Pausen in der Mitte des Verses, um dergleichen deutlich von einander zu scheiden, nicht gestattete. Das Vergangene nie als gegenwärtig vorzustellen, ist der Gattung so wesentlich eigen, daß der Dichter, vermuthlich ohne sich besonders daran zu erinnern, jene oben bemerkte Ausschließung des Präsens der Zeitwörter in der Erzählung durchgehends beobachtet hat. Homerismen, wenn wir es so nennen dürfen, in Wendungen und Redensarten, haben wir gar nicht entdecken können; es müßte denn etwa Hermanns Ausdruck sein: ›dem ist kein Herz im ehernen Busen‹, wo sowohl ›sein‹ mit dem Dativ statt ›haben‹, als das Beiwort ›ehern‹ nicht bei uns einheimische Redensart ist. Aehnlichkeiten wie ›denn mir war Zwiespalt im Herzen‹, und *διάνδιχα μερμήριξα*, oder wie *καί με γλυκὺς ἵμερος αἱρεῖ*, ›und süßes Verlangen ergriff sie‹; oder Anwendung jener Formel, wodurch die übereinstimmenden Aeußerungen Vieler in Eine Rede zusammengefaßt werden:

Ὧδε δέ τις εἴπεσκεν, ἰδὼν ἐς πλησίον ἄλλον,

Denn so sagte wohl eine zur andern flüchtig ans Ohr hin, und kurz nachher:

Aber ein', und die andre der Weiber sagte gebietend;

können nicht für Homerismen gelten, da diese natürlichen Wendungen, da wo sie stehen, ganz an ihrer Stelle sind. Jene Figur, daß der Dichter die Person, die er redend einführt, selbst anredet, welche im Griechischen bei einigen Namen die Bequemlichkeit des Versbaues mag veranlaßt haben, ist hier nur ein paarmal zu einer etwas drolligen Wirkung benutzt:

Aber du zaudertest noch, vorsichtiger Nachbar, und sagtest.

Was den lieblichen Ueberfluß an Beiwörtern betrifft, so bietet unsere Sprache Mittel genug dar, es darin dem griechischen Sänger gleich zu thun. Aber es giebt im Homer manche an sich schöne und edle Beiwörter, die, einmal für allemal festgesetzt, dadurch einen Theil ihrer Bedeutsamkeit verlieren, daß sie ohne nähere Beziehung auf den jedesmaligen Zusammenhang der Stelle wiederkehren. Sie scheinen eine Erinnerung an den Ursprung der epischen Kunst zu sein, da der Sänger Ausdruck und Vers für die vorgetragene Geschichte während des Gesangs ersinnend, durch solche Halbverse, die allgemeines Eigenthum waren, Zeit gewann. Bloß zum Behufe der Poesie gebildete Zusammensetzungen müßen uns einen stärkeren Eindruck von Pracht und Festlichkeit geben, als den homerischen Griechen; nicht als ob sie bei ihnen in die Sprache des gewöhnlichen Lebens übergegangen wären, sondern die epische Poesie war ihnen überhaupt etwas Gewöhnlicheres als uns. Mit gutem Grunde ist daher der deutsche Dichter in diesem Stücke etwas weniger freigebig gewesen; die Beiwörter sind bei ihm nicht allgemeine Erweiterung, sondern an ihrem bestimmten Platze bedeutend, und er hat sich weit häufiger der einfachen, als der zusammengesetzten bedient. Wo er dergleichen selbst bildet, geschieht es auf die leichteste Weise durch Verbindung eines Umstandswortes mit einem Adjektiv oder Particip, z. B. ›der wohlumzäunete Weinberg, der vielbegehrende Städter, der allverderbliche Krieg‹. Nur einmal finden wir ein Substantiv mit einem Particip zum Epitheton verknüpft, ›die gartenumgebenen Häuser‹; welches in wohlklingender Kürze das Bild von einem zerstreut liegenden Dorfe giebt. Daß diejenigen, für welche die Poesie nichts weiter ist, als eine Mosaik von kostbaren Phrasen, den Ausdruck in Hermann und Dorothea viel zu schmucklos, das ist nach ihrer Art zu sehen, zu prosaisch, finden werden, ist in der Ordnung. Diese Kritiker würden vermuthlich ein wenig erstaunen, wenn sie erführen, daß Dionysius von Halikarnaß an einer Stelle der Odyssee, ›die in den gemeinsten, niedrigsten Ausdrücken abgefaßt sei, deren sich etwa ein Bauer oder ein Handwerker bedienen würde, die gar keine Sorge darauf wenden, schön zu reden‹, das Verdienst der dichterischen Zusammenfügung weitläuftig auseinandersetzt. Nach Wolfs Bemerkung ›scheint die homerische Diktion, unermeßlich weit entfernt von dem wüsten Schwulst der Tropen und Bilder, welcher der Kindheit der Sprachen eigen ist, durch ihren gleichmäßigen bescheidnen Ton eine nahe Vorbotin der entstehenden Prosa zu sein‹. Ob wir gleich über die damalige Sprache des gemeinen Lebens im Dunkeln sind, läßt es sich doch wahrscheinlich machen, die epische habe sich mehr durch die Zusammensetzung, nämlich durch Wortfügung und Wortstellung, dann durch die mannichfaltigere Biegung, Verlängerung und

Verkürzung der Wörter, endlich durch die reichlichere Einschiebung der Partikeln, als durch die Bestandtheile der Rede selbst von jener unterschieden. Die zuletzt genannten Freiheiten sind dem deutschen Dichter fast ganz versagt; desto schwerer war es, wie in Hermann und Dorothea geschehen ist, den Ausdruck durch die unmerklichsten Mittel, durch würdige Einfalt, hier und da einen flüchtigen Anstrich vom Alterthümlichen, die leichteste, klarste Folge und Verbindung der Sätze, hauptsächlich aber durch die Stellung von der gewöhnlichen Sprache des Umgangs zu entfernen. Die möglichste Enthaltung von solchen Conjunctionen, die auf die Wortfolge Einfluß haben, und von den relativen Fürwörtern, welche eben so wirken, ist ein Hauptmittel zur dichterischen Vereinfachung der Sätze. Auch der häufige Gebrauch der Participien hebt die Rede, ohne ihr Schmuck aufzuladen. Den Nachdruck vermehrt manchmal die Häufung des Verbindungswörtchens, manchmal dessen Weglaßung.

Die Abweichungen von der prosaischen Wortfolge sind meistens so leicht und leise, daß sie einer nicht sehr wachen Aufmerksamkeit entschlüpfen, und doch wirken sie was sie sollen. Auch bei kühneren Versetzungen ist immer für Vermeidung aller Dunkelheit gesorgt. An die vielfältig vorkommende Stellung des Beiwortes nach dem Hauptworte mit wiederholtem Artikel, wird sich manches deutsche Ohr anfangs nicht gewöhnen wollen; man muß sehen, ob die Sprache der kleinen Gewalt, die ihr dabei geschieht, und wodurch sie allerdings für den epischen Gebrauch geschickter werden würde, nachgeben wird. Daß ein so bescheidner, schmuckloser, und doch an Farbe und Gestalt durchhin epischer Ausdruck, wie er in Hermann und Dorothea herrscht, in unsrer Sprache möglich war, beweist die hohe Bildung, welche sie schon erreicht hat; denn nur durch diese wird sie der Mäßigung, Entäußerung und Rückkehr zur ursprünglichen Einfalt fähig.

Die sinnlichen Gegenstände, entweder die den Menschen umgebenden Dinge, oder bloß körperliche Handlungen, nehmen in Homers Gesängen einen großen Raum ein, und dieß gehört zu der Wahrheit seines Weltgemäldes, wo die Helden und Götter so sinnlich, so stark von Körper, und so wenig geübt am Geiste sind. Indessen wird doch das Leblose immer nur in Bezug auf die Menschen, denen es angehört, bezeichnet, niemals um seiner selbst willen ausgemalt. Dieß, was man poetisches Stillleben nennen könnte, ist der Fortschreitung des Epos ganz und gar zuwider. Auch das sentimentale Wohlgefallen an ländlichen Gegenständen, das noch nöthig sein würde, um die an sich todte Künstlichkeit solcher Schilderungen mehr zu beseelen, ist, als eine persönliche Empfindungsweise des Dichters, vom epischen Gedicht ausgeschloßen. In Hermann und Dorothea ist der Darstellung des Sinnlichen verhältnißmäßig weit weniger Ausbreitung gegeben. Schon durch die Beschränkung der Geschichte auf den Zeitraum eines Nachmittags und Abends wurde der Dichter derselben mehr überhoben, ob er gleich nichts zur Anschaulichkeit Dienliches übergangen, und nach epischer Art selbst das Geringste rühmend erwähnt hat. Bewunderungswürdig ist es aber, wie er die Menschen immer durch ihre Umgebungen kenntlich zu machen, und die äußern Gegenstände auf sittliche Eigenthümlichkeit zu beziehen weiß. Beispiele hievon auszuwählen, würde uns eben so schwer fallen, als es dem Leser leicht sein muß, sie zu finden. Die ländliche Natur wird ganz aus dem Gesichtspunkte ihrer Bewohner, eifriger Landwirthe, geschildert; nur das Erfreuliche ihrer Ergiebigkeit, des fleißigen Anbaues, der menschlichen Anlagen in ihr (man sehe die Beschreibung des Weinbergs und der Felder des Wirthes, des berühmten Birnbaums, der anmuthigen Quelle) wird gepriesen; denn die, welche am rüstigsten in der Natur wirken und schaffen, sehen sie am wenigsten mit dem Auge des Landschaftenkenners oder des empfindenden Naturliebhabers an.

Homers Gleichnisse sind eigentlich erklärende Episoden, die im Ernste und nicht bloß zum Schein den Zweck haben, etwas deutlicher zu machen; wobei man die ihn umgebenden Hörer nicht vergeßen muß, wie er sie selbst beschreibt:

Gleichwie ein Mann auf den Sänger schaut, der vermöge der Götter
Kundig den Sterblichen singt die lusterregenden Worte:
Ihn ohn' Ende zu hören begehren sie, wenn er nun singet.

Solche Hörer hatten natürlich ein großes Bedürfniß, eine recht sinnlich faßliche Vorstellung von der geschilderten Sache zu bekommen. In der modernen Nachahmung, die hierauf gar keine Rücksicht nahm, ist das epische Gleichniß in einen gelehrten Zierrat ausgeartet, so daß häufig das Bekanntere mit dem Fremderen, das Menschliche mit der thierischen Welt, die unsrer Beobachtung weit entfernter liegt, auch wohl das Körperliche mit dem Geistigen verglichen wird. Schwerlich möchte daher an Hermann und Dorothea etwas vermißt werden, weil es nur Ein ausgeführtes Gleichniß enthält. Dieses eine ist schön und neu, und kommt bei einer Gelegenheit vor, wo es die Mühe lohnt.

Die Ankündigung des Inhalts, gar kein wesentlicher Theil des Epos, sondern eine entbehrliche Vorbereitung, welche da, wo die besungene Geschichte sich auf Sage gründet, noch mehr Schicklichkeit hat, als wo sie erst durch das Gedicht entsteht, ist von dem deutschen Sänger mit Bedacht weggelaßen. Dagegen flicht er zu Anfange der letzten unter den neun Rhapsodien, die er, wie Herodot die Bücher seiner Geschichte, nach den Musen benannte, doch zugleich noch mit andern bedeutenden Ueberschriften versehen hat, eine sehr gefällige Anrede an diese Göttinnen ein.

Wir haben Hermann und Dorothea in dem Bisherigen nach seiner Eigenthümlichkeit, nach den besondern Bestimmungen des Entwurfs, der Sitten und des Stils zu charakterisieren gesucht. Als ein Individuum seiner Gattung, d. h. als episches Gedicht, haben wir es schon vorher charakterisiert. Denn was wir oben als wesentliche Merkmale des Epos angaben: die überlegene Ruhe und Parteilosigkeit der Darstellung; die volle, lebendige Entfaltung, hauptsächlich durch Reden, die mit Ausschließung dialogischer Unruhe und Unordnung der epischen Harmonie gemäß umgebildet werden; den unwandelbaren, verweilend fortschreitenden Rhythmus: diese Merkmale laßen sich eben so gut an dem deutschen Gedicht entwickeln, als an Homers Gesängen. Verfehlten wir also den wahren Begriff nicht, so wird der Leser, der dieß Urtheil durch eigne Prüfung beurtheilen will, auch wenn er mit den letzten nicht bekannt ist, sie ohne Mühe wiederfinden. Was die Ruhe betrifft, so beugen wir nur noch dem Mißverständnisse vor, als ob der Dichter gegen das, wodurch er die Seelen Andrer so tief bewegt, selbst unempfindlich sein sollte. Er muß es allerdings auf das Innigste fühlen; aber er hat die Selbstbeherrschung, dem Gefühl keinen Einfluß auf die Darstellung zuzugestehen. Er wird z. B., wo das Gesetz derselben es fordert, gleich nach dem erschütterndsten Augenblicke einen verhältnißmäßig gleichgültigen, ja einen drolligen Umstand erwähnen, wie es in Hermann und Dorothea, namentlich im letzten Gesange, mehrmals geschieht. Die Enthaltung des Dichters von eigner Theilnahme ist also kein leerer Schein: denn wenn die Darstellung durch das Medium der Empfindung gegangen und von ihr gefärbt ist, so sympathisiert der Leser nun eigentlich nicht mehr mit der Sache, sondern mit dem Dichter.

Die Lehre vom epischen Rhythmus verdient eine genauere Auseinandersetzung. Sie ist auch deswegen wichtig, weil sie Anwendung auf den Roman leidet. Ein Rhythmus der Erzählung, der sich zum epischen ungefähr so verhielte, wie der oratorische Numerus zumSilbenmaße, wäre vielleicht das einzige Mittel, einen Roman nicht bloß nach der allgemeinen Anlage, sondern nach der Ausführung im Einzelnen, durchhin poetisch zu machen, obgleich die Schreibart rein prosaisch bleiben muß; und im Wilhelm Meister scheint dieß wirklich ausgeführt zu sein.

Wir enthalten uns hier jedes Rückblicks auf Göthes dichterische Laufbahn, so fruchtbar an belehrenden Zusammenstellungen, selbst an wichtigen Andeutungen über das Bedürfniß unsrer Bildung und das Streben des Zeitalters, von der Originalität zur vollkommnen Gesetzmäßigkeit schöner Geisteswerke, von der Erscheinung der Unabhängigkeit des Individuums zum Abdrucke reiner Menschheit in ihnen fortzugehn, eine solche Uebersicht auch sein würde; und faßen nur unsre Betrachtung des vorliegenden Werks in kurze Resultate zusammen. Es ist ein in hohem Grade sittliches Gedicht, nicht wegen eines moralischen Zwecks, sondern insofern Sittlichkeit das Element schöner Darstellung ist. In dem Dargestellten überwiegt sittliche Eigenthümlichkeit bei weitem die Leidenschaft, und diese ist so viel möglich aus sittlichen Quellen abgeleitet. Das Würdige und Große in der menschlichen Natur ist ohne einseitige Vorliebe aufgefaßt; die Klarheit besonnener Selbstbeherrschung erscheint mit der edlen Wärme des Wohlwollens innig verbunden, und gleiche Rechte behauptend. Wir werden überall zu einer milden, freien, von nationaler und politischer Parteilichkeit gereinigten Ansicht der menschlichen Angelegenheiten erhoben. Der Haupteindruck ist Rührung, aber keine weichliche, leidende, sondern in wohlthätige Wirksamkeit übergehende Rührung. Hermann und Dorothea ist ein vollendetes Kunstwerk im großen Stil, und zugleich faßlich, herzlich, vaterländisch, volksmäßig; ein Buch voll goldner Lehren der Weisheit und Tugend.

WILHELM VON HUMBOLDT
(1799)

I.

Wirkung des Gedichts im Ganzen. – Es läßt einen rein dichterischen Eindruck in dem Gemüthe zurück.

Die schlichte Einfachheit des geschilderten Gegenstandes und die Größe und Tiefe der dadurch hervorgebrachten Wirkung, diese beiden Stücke sind es, welche in *Göthe's Herrmann und Dorothea* die Bewunderung des Lesers am stärksten und unwillkührlichsten an sich reißen. Was sich am meisten entgegensteht, was nur dem Genie des Künstlers, und auch diesem allein in seinen glücklichsten Stimmungen zu verknüpfen gelingt, finden wir auf einmal vor unsrer Seele gegenwärtig – Gestalten, so *wahr* und *individuell*, als nur die Natur und die lebendige Gegenwart sie zu geben, und zugleich so *rein* und *idealisch*, als die Wirklichkeit sie niemals darzustellen vermag. In der bloßen Schilderung einer einfachen Handlung erkennen wir das treue und vollständige Bild der Welt und der Menschheit.

Der Dichter erzählt die Verbindung eines Sohns aus einer wohlhabenden Bürgerfamilie mit einer Ausgewanderten; er thut nichts, als die einzelnen Momente dieser Handlung, die einzelnen Theile dieses Stoffs aus einander legen, die Reihe der Umstände entwickeln, wie sie natürlich und nothwendig aus einander entspringen; er ist nie mit etwas andrem, als mit seinem Gegenstande beschäftigt; alle Hindernisse, durch die er den Knoten der Handlung schürzt, alle Mittel, durch die er ihn wieder löst, sind allein aus diesem und aus den Charakteren der handelnden Personen genommen; alles, wodurch er die Theilnahme des Lesers gewinnt, ist allein in diesem Kreise enthalten, und nie tritt er in seiner eignen Individualität hervor, nie schweift er in eine eigne Betrachtung, oder eine eigne Empfindung aus. Und auf welchen Standpunkt sieht sich dadurch der Leser versetzt! Das Leben in seinen größesten und wichtigsten Verhältnissen und der Mensch in allen bedeutenden Momenten seines Daseyns stehen auf einmal vor ihm da, und er durchschaut sie mit lebendiger Klarheit.

Was seinem Herzen das Wichtigste ist, sein Nachdenken und seine Beobachtung am anhaltendsten beschäftigt, sieht er mit wenigen, aber meisterhaften Zügen in überraschender Wahrheit geschildert – den Wechsel der Alter und Zeiten, die fortschreitende Umänderung in Sitten und Denkungsart, die Hauptstufen menschlicher Cultur, und vor allem das Verhältniß häuslicher Bürgertugend und stillen Familienglücks zu dem Schicksal von Nationen und dem Strome außerordentlicher Ereignisse. Indem er nur den Begebenheiten einer einzelnen Familie zuzuhören glaubt, fühlt er seinen Geist in ernste und allgemeine Betrachtungen versenkt, sein Herz zu wehmuthsvoller Rührung hingerissen, sein ganzes Gemüth hingegen zuletzt wieder durch einfache, aber gediegene Weisheit beruhigt. Denn die wichtigste Frage, die sich in unsrer Zeit überall jedem aufdrängen muß: wie soll bei dem allgemeinen Wechsel, in welchem Meynungen, Sitten, Verfassungen und Nationen fortgerissen werden, der Einzelne sich verhalten? findet er nicht allein in den mannigfaltigsten Gestalten aufgeworfen, sondern auch so beantwortet, daß die Antwort ihm mit der Belehrung zugleich Kraft zum Handeln und Muth zum Ausharren in die Seele haucht.

Aus der Mitte aller Verhältnisse seiner Zeit und seines Vaterlandes, sieht er sich in eine Welt versetzt, in die er sonst nur, von der Erinnerung an die einfachsten und frühesten Menschenalter erfüllt, an der Hand der Alten einzugehen pflegt. Denn indem ihn der Dichter bei der ganzen Individualität seines Wesens ergreift, führt er ihn zu den reinen und ursprünglichen Naturformen zurück; und indem er in der Wirklichkeit alles vertilgt, was sie zur bloßen Wirklichkeit und untauglich zum Gebrauch für die Phantasie macht, benutzt er noch bis auf den kleinsten Zug ihre Individualität.

So rein dichterisch hat er seinen Stoff erfunden und ausgeführt.

XXIX.
Schilderung Herrmanns und Dorotheens.

Herrmann und Dorothea sind beide durchaus so gehalten, daß keine dieser beiden Gestalten vor der andern hervortritt. Wie sie in der Handlung, in der sie der Dichter zeigt, Eins sind; wie ihre ganze Seele nur gegenwärtig mit einander beschäftigt ist: so sind sie auch nur gleichsam als ein einziges Individuum geschildert. Überall erscheinen sie nur immer in Beziehung auf den andren, überall sieht man in dem einen auch den andren zugleich mit, und ihre beiderseitige Natur schmilzt eben so fest und vollkommen zusammen, als ihre Herzen unzertrennlich verbunden sind.

Aber (denn auch darin ist die Ordnung der Natur so schön beobachtet) Herrmann tritt überhaupt mehr, und von Anfang allein auf; wir lernen Dorotheen nur durch ihn kennen, durch das ganze Gedicht erscheint sie immer nur als ihm bestimmt oder angehörend, und wenn sie am Ende einen Augenblick eine eigne Selbständigkeit gewinnt, so geschieht es nur, um durch diesen Muth und diese Kraft, der weiblichen Anhänglichkeit noch mehr Adel und Würde zu geben. Darum bleiben wir hier nur bei Dorotheens Schilderung stehen. Herrmann, als die Hauptfigur des Gedichts, zeichnet sich von selbst; indeß werden wir doch bald sehen, daß auch er seine eigentliche Größe von der Einbildungskraft des Lesers nur dadurch gewinnt, daß wir seine Gestalt in Dorotheens Wesen, wie in einem reineren Medium, wieder erblicken.

So tragen und heben beide Figuren sich immer nur gegenseitig; und indem die Phantasie, den fixen Punkt aufsuchend, an dem das Ganze befestigt ist, immer von der einen zur andren hinüberschwanken muß, indem das Bild beider, wie ein Licht zwischen zwei Spiegeln, immerfort von der Einen in die andre zurückgeworfen wird, erhalten sie immer schwellende und unendliche Umrisse.

XXXVIII.

Schlichte Einfalt und natürliche Wahrheit unsres Gedichts.

Die erste Eigenschaft, die wir bis jetzt vorzugsweise an dem *Göthischen Gedichte* gewahr wurden, war seine reine und vollendete Objectivität; wir fügen nunmehr eine zweite hinzu, seine schlichte Einfalt und seine natürliche Wahrheit.

Beide sind gewissermaßen mit einander verwandt. Die erstere beruht auf einem rein beobachtenden und bestimmt bildenden Sinn, auf der Fähigkeit, die Natur in aller ihrer Wahrheit aufzufassen, und in der ganzen Bestimmtheit ihrer Formen, der ganzen Festigkeit ihres Zusammenhanges wieder darzustellen. Einem solchen äußern Sinn muß ein ähnlicher innrer entsprechen. So wie jener sich in der äußern Natur vorzugsweise an ihrer Gesetzmäßigkeit und ihrer Realität erfreut; so muß dieser dieselben Eigenschaften in dem Innern des Gemüths und dem Charakter der Menschheit aufsuchen. Er kann daher nur bei ihren größesten, einfachsten und wesentlichsten Formen verweilen.

Wer sich in dieser Stimmung befindet, wird überall nur die Natur mahlen, nur sie in ihrem innern Charakter und ihrer äußern Gestalt. Er wird daher auch den Menschen am liebsten von den Seiten betrachten, von welchen er geradezu mit ihr übereinstimmt, lieber da, wo er als Gattung erscheint, als da, wo er in einer entschiedenen Eigenthümlichkeit auftritt. Die Einfachheit des Stoffs, den er schildert, wird auf seine Schilderung selbst übergehen. Er wird immer innerhalb des Tons ruhiger Darstellung bleiben; immer nur, indem er einen Theil an den andern anfügt, das Ganze hinzustellen bemüht seyn; nie mit seinem Ausdruck hinter der Sache zurückbleiben, aber auch nie mit demselben darüber hinausgehn. Er wird immer den treffendsten und kräftigsten in seiner Macht haben; nie aber einen bloß kühnen oder glänzenden suchen.

Das Gepräge einer solchen Einfachheit und Wahrheit nun trägt das gegenwärtige Gedicht in einem auffallenden Grade an sich. Es ist überall nur die Sache, die wir vor uns erblicken, und sie immer in ihrer wahren und nackten Gestalt. Aber noch mehr, als im Ton und der Sprache, fällt diese Einfachheit in den Gesinnungen und Charakteren auf.

Es ist kaum möglich, ein einzelnes Beispiel für eine Behauptung herauszuheben, für die eigentlich alles zugleich spricht. Allein wenn es dennoch eines Beispiels bedarf, so erinnere man sich an die Schilderung der Mutter Herrmanns. Unter allem, was in der Natur einfach genannt werden kann, ist kaum etwas andres, was diesen Namen in höherem Grade verdiente, als die Liebe einer Mutter zu ihrem Kinde. Aus der natürlichsten Verbindung entsprungen, durch die natürlichsten Verhältnisse fortgepflanzt, auf die natürlichste Sorgfalt für unmittelbares Glück und unmittelbare Zufriedenheit beschränkt, bietet sie, – so ehrwürdig und schön sie auch in der Wirklichkeit erscheint – der dichterischen Einbildungskraft kaum eine einzige Seite dar, von welcher sie dieselbe durch eine hervorstechende Eigenthümlichkeit auszeichnen könnte. Nur der Dichter, der seiner Stärke gewiß ist, die Natur bloß als Natur geltend zu machen, darf sich an die Schilderung eines Gefühls wagen, das er nur, indem er es in seiner ganzen Größe, in seiner durchgängigen Wahrheit auffaßt, aus dem Gewöhnlichen heraus zu heben und dichterisch zu halten im Stande ist. Denn unter allen andren ist keins, was so sehr, als dies, entweder jede dichterische Behandlung verschmäht, oder nur in dem reinsten und höchsten Style der Kunst eine glückliche Wirkung verspricht.

Aber wie viel einfacher wird dieses Bild mütterlicher Zärtlichkeit noch unter den Händen unseres Dichters! Er schildert nicht den Zustand heftiger Leidenschaft, nicht die qualvolle Furcht vor einem drohenden, oder den zerreißenden Schmerz über einen erlittenen Verlust; auch bei ihm ist das mütterliche Herz um das Glück des Sohnes besorgt, aber diese Besorgniß entspringt mehr aus der Ängstlichkeit der Liebe, als aus der dringenden Lage der Umstände. Er zeigt uns nicht die Sorgfalt für die ersten Jahre der Kindheit, für den erst stammelnden Säugling – eine Lage, die durch die zarte Unschuld, die liebliche Anmuth, die abhängige Hülflosigkeit dieses Alters einen eigenthümlichen Reiz gewinnt. Er schildert uns die Mutter mit dem erwachsenen Sohn, also in Verhältnissen und Empfindungen, die, um unsrem Herzen wichtig zu werden, nichts als ihre einfache Wahrheit, ihre tiefe Innigkeit besitzen. In dem Charakter dieser Mutter selbst hat er alle Einfalt einer schönen und reinen, aber schlichten Natur vereinigt; sie überall sonst nur als die hülfreiche Gattin, die geschäftige Hausfrau, gezeichnet; und dies Bild noch durch die Züge verstärkt, die er von einer gewissen kindischen Naivetät in ihrer früheren Jugend erzählt.

Gerade aber durch diese Kühnheit, seinen Gegenstand schlechterdings da aufzunehmen, wo er bloß Natur ist, führt er ihn auf eine Stufe einfacher Erhabenheit, von der wir sonst kaum einen Begriff haben. Wenigstens erinnern wir uns bei keinem andren Dichter einer Schilderung einer Mutter, die an Natur und

Wahrheit, an Größe und Schönheit der Gesinnung mit dieser verglichen werden dürfte. Wie groß und edel irgend einer der in diesem Gedichte aufgestellten Charaktere erscheinen mag, so darf diese Mutter keinem derselben weichen. Sie ist durchaus gut, durchaus verständig, durchaus zart und fein empfindend; nirgends zeigt sie einen Mangel, nirgends einen Mißklang. Ihr Charakter ist ganz idealisch: denn nirgends wird man eine einengende Schranke in demselben gewahr; und er ist zugleich ganz natürlich: denn sein Wesen besteht bloß in dem, was dem Menschen zugleich mit der Menschheit eingepflanzt ist.

Darum ist die Liebe dieser Mutter nicht bloß stark und innig, sondern zugleich auch so zart; darum ihr Sinn so fein, die innersten Gefühle ihres Herrmanns mitten aus seinen halb verstellten, halb verwirrten Worten zu enträthseln; darum ihre Schonung für jede Denkungsart so schön; ihr Sinn für jede Eigenthümlichkeit in der Menschheit so groß und menschlich. Zu der Liberalität, die sonst nur Philosophie und Nachdenken; zu der Feinheit, die nur mühsam erworbene Menschenkenntniß verschafft, gelangt sie allein auf dem Wege der einzigen Empfindung, welcher sie ganz und ausschließlich angehört.

Einer solchen Liebe der Mutter muß eine gleiche Zärtlichkeit des Sohnes entsprechen. Diese hat uns auch der Dichter gezeichnet, wir sehen seine starke Anhänglichkeit, sein großes und zuversichtliches Vertrauen; aber er scheut sich sogar nicht, uns hier in das kleinste Detail einzuführen, uns zu erzählen, daß z. B. der Sohn sich nie vom Hause entfernte, ohne seine Mutter vorher davon zu unterrichten.

Daß Züge dieser Art nicht kleinlich, nicht gemein werden, ist das Verdienst der Kunst, und hierin besteht ihre Größe. Zwar pflegt man das Einfache an sich groß zu nennen. Aber es ist dies nie von selbst, immer allein durch die Ansicht oder die Behandlung, immer nur dadurch, daß man es als Natur, also in der

Wahrheit, der Realität, dem Zusammenhange darstellt, welche dieser eigen sind.

Wovon wir also zuerst ausgingen, darauf allein kommt alles an, überall, im Äußern und Innern, in den sinnlichen Formen und in den Veränderungen unsres Gemüths nur die *Natur* aufzusuchen und darzustellen.

Dadurch nun, daß unser Dichter, immer hiermit beschäftigt, das menschliche Gemüth und seine Gesinnungen so klar und offen darlegt, erlangt er eine Einfachheit und Wahrheit, bringt er uns seinen Stoff mit einer Innigkeit ans Herz, die nur ihm allein angehört. Er greift in unsre eigensten Gedanken und Empfindungen ein, und indem er alle Falten unsres Herzens aufdeckt, und uns in den Kreis unsres gewöhnlichen Alltagslebens zu begleiten scheint, erhält er sich immer auf der nothwendigen poëtischen Höhe. Nur selten hat ein andrer unter den Neuern so sehr die strenge Wahrheit und die schlichte Einfalt der Natur mit der vollkommensten Begeisterung der Kunst gepaart, und nie – könnte man sagen – ist einer in einem so durchaus *prosaischen* Gange in so hohem Grade *poëtisch* gewesen.

Wir bleiben schlechterdings in demselben Kreise, in welchem wir einmal zu leben gewohnt sind; aber wir werden mit diesem ganzen Kreise auf eine ungewohnte Höhe erhoben: die Wirklichkeit in und um uns leidet kaum eine Veränderung in ihrer Beschaffenheit; aber sie ist gar nicht mehr Wirklichkeit, sie ist nur reines Erzeugnis der dichterischen Einbildungskraft.

LXXIX.

Hauptthema des Gedichts.

Mit diesem Contrast [Die Ruhe einer Familie contrastiert gegen die Bewegung eines Volkes, das Glück Einzelner gegen den Unternehmungsgeist Vieler.] ist zugleich das Hauptthema des ganzen Gedichts aufgegeben. Wie ist intellectuelles, moralisches und politisches Fortschreiten mit Zufriedenheit und Ruhe? wie dasjenige, wonach die Menschheit, als nach einem allgemeinen Ziele, streben soll, mit der natürlichen Individualität eines jeden? wie das Betragen Einzelner mit dem Strom der Zeit und der Ereignisse? wie endlich überhaupt das, was der Mensch selbst in sich schaffen und umwandeln kann, mit demjenigen, was, außer den Grenzen seiner Macht, mit ihm selbst und um ihn her vorgeht, so vereinbar, daß jedes wohlthätig auf das andre zurück, und beides zu höherer allgemeiner Vollkommenheit zusammenwirkt?

Diese Fragen sind in den Gesprächen des Wirths mit seinen beiden Freunden, in dem Streite der beiden Eltern über die Unzufriedenheit des Vaters mit dem Betragen des Sohns, in der entschlossenen Äußerung Herrmanns über den thätigen Antheil an der allgemeinen Gefahr, endlich in der Gegeneinanderstellung seiner Meynung und der des früheren Verlobten Dorotheens über die Zeitumstände überhaupt, um nur dieser vorzüglichsten Stellen zu gedenken, nach einander aufgeworfen, oder beantwortet.

Die Antwort selbst ist zugleich die richtigste für die philosophische Prüfung, die genügendste für das praktische Leben, und die tauglichste zu dem dichterischen Gebrauch. Alle jene Dinge, zeigt uns der Dichter, sind vereinbar durch die Beibehaltung und Ausbildung unsres natürlichen und individuellen Charakters, dadurch daß man seinen geraden und gesunden Sinn mit festem Muth gegen alle äußeren Stürme behauptet, ihn jedem höheren und besseren Eindruck offen erhält, aber jedem Geist der Verwirrung und Unruhe mit Macht widersteht. Alsdann bewahrt das Menschengeschlecht seine reine Natur, aber bildet sie aus; alsdann folgt jeder seiner Eigenthümlichkeit, aber aus der allgemeinen Verschiedenheit geht Einheit im Ganzen hervor; alsdann erhalten die äußeren Ereignisse und Zerrüttungen die Thätigkeit der Kräfte rege, aber der Mensch formt darum nicht weniger die Welt nach sich selbst; alsdann wächst, mitten unter den größesten Stürmen, ununterbrochen, und nur mit dem Wechsel größerer oder geringerer Ruhe und Zufriedenheit, die allgemeine Vollkommenheit, und einer nicht verächtlichen Generation folgt immer eine noch bessere nach.

Dies nun, die Menschheit selbst in ihren, zugleich durch ihre innre Kraft und die äußere Bewegung bewirkten Fortschritten, hat unser Dichter unsrer Einbildungskraft darzustellen verstanden. Er hat diesem Stoff dadurch mehr dichterische Idealität gegeben, daß er zu den Charakteren lauter rein menschliche, durch keine Cultur verzärtelte, und doch der Cultur nicht verschlossene Naturen gewählt, seinen Hauptpersonen aber sogar etwas Heroisches, etwas, das an Homers Helden erinnert, beigemischt hat; dadurch mehr sinnliches Leben, daß er die wichtigsten und größesten Begebenheiten in seine Handlung hineinzieht; dadurch endlich mehr Individualität, daß er die ganze Eigenthümlichkeit unsres vaterländischen Charakters und unsrer Zeit mit auftreten läßt. Es ist ein Deutsches Geschlecht, und am Schluß unsres Jahrhunderts, das er uns schildert.

XCIV.

Charaktere des Gedichts. – Allgemeine Gattung, zu der dieselben gehören. – Ihre Ähnlichkeit mit den Homerischen.

Die wahre und natürliche und zugleich feste und bestimmte Zeichnung der *Charaktere* fällt zu sehr ins Auge, als daß sie besonders herausgehoben werden dürfte. Aber die Behandlung derselben ist auch durchaus episch; sie ist es in der allgemeinen Verwandtschaft aller mit einander, in der besondern Verschiedenheit der Einzelnen, in dem Verhältniß dieser letztern zu einander und zu dem Ganzen.

Alle Charaktere unsres Gedichts gehören sämmtlich zu Einer Gattung; denn alle Personen sind aus derselben Classe, aus dem wohlhabenden Theil des Bürgerstandes, genommen. Was wir in allen schon auf den ersten Anblick bemerken, ist ein Übergewicht der ursprünglichen Natur über die erworbenen Kenntnisse und Fähigkeiten, der natürlichen Kräfte über die Cultur. Der Geistliche und der Apotheker besitzen zwar auch einen höheren Grad von dieser; aber in dem letzteren ist es eine schiefe und halbe, die ihm, ohne übrigens seiner natürlichen Gutmüthigkeit zu schaden, einen gewissen komischen Anstrich giebt; in dem Geistlichen ist sie vorzugsweise auf die moralische Bildung und das Glück des Menschen, also wieder auf das Einfachste und Natürlichste bezogen, was gedacht werden kann. In allen finden wir daher einen schlichten und geraden Sinn, reine und natürliche Empfindungen, menschliche und billige Gesinnungen; in allen mit Einem Wort einen sehr gesunden Menschenverstand und eine gewisse wackre Gutmüthigkeit. Im Apotheker allein kann man gegen beide einige Einwürfe erheben; in ihm ist der erstere hie und da durch Halbcultur verschroben, und die letztere mehr Schwäche als Verdienst. In dem Geistlichen sind beide durch mehr Nachdenken und Kenntnisse zugleich erhöht und verändert. Aber am reinsten herrscht dieser Charakter in Herrmann, in seinen Eltern, und Dorotheen.

Bei allen andern findet sich ferner ein Zusatz, der sie in den Kreis gewöhnlicher Menschen herabzieht, und sie manchmal näher an das Gemeine, Platte und Rohe bringt. Der Vater wird bisweilen einseitig und hart; der Geistliche ist oft pedantisch, der Apotheker lächerlich. Nur Herrmann, seine Mutter und Dorothea bleiben durchaus gut und edel; sie sind eigentlich durchaus von gleichem absoluten Werthe, nur sind auch unter ihnen wieder die Nüancen fein und schön angegeben. Die Mutter ist von der thätigsten Bravheit, der reinsten Güte, der zartesten Feinheit; aber sie ist es gleichsam ohne ihr eignes Verdienst und ohne es selbst zu wissen. Alles liegt allein in ihrer Weiblichkeit und ihrem Muttergefühl; immer stellt sie sich nur hinter ihren Herrmann zurück; immer sieht sie sich allein nur in ihm. Herrmann hat die schönste Anlage zu allem Besten und Höchsten, aber sie ist mehr stark angedeutet, als schon hinlänglich ausgebildet. Dorothea allein zeigt einen gewissen idealischen Schwung, nur sie erhebt sich zu einer Höhe, auf der sie, wie uns die letzten Gespräche zwischen ihr und Herrmann deutlich beweisen, nur halb von den übrigen verstanden, allein da steht. Mit Herrmann würden wir gern einzelne Tage verleben, ihn gern mitten in seiner Geschäftigkeit, in seinem Familienkreise erblicken; die zärtliche Sorgfalt der Mutter würde uns herzliche Thränen ablocken; die gutmüthige Lebhaftigkeit des Vaters uns ergötzen und freuen; aber nur mit Dorotheen möchten wir umgehen, nur sie könnten wir zur Vertrauten unseres Herzens wählen.

Im Ganzen, sehen wir an dieser allgemeinen Übersicht, kommen die Charaktere unsres Dichters sehr mit den Homerischen überein. Auch in Homers Helden finden wir vor allem ein Herz in der Brust, »das Unrecht hasset und Unbill,« einen geraden Sinn, der alles Verworrene kurz und einfach schlichtet, und einen Muth, der das einmal Beschlossene kraftvoll ausführt. Auch in der äußern Lebensart ist eine auffallende Ähnlichkeit. Auch Homers Helden hat »Arbeit den Arm und die Füße mächtig gestärket,« auch sie sind selbst Ackersleute, schirren, wie Herrmann, ihre Pferde selbst an, und spannen sie selbst an den Wagen. Ja, was noch mehr ist, in dem Richter der ausgewanderten Gemeine erkennen wir an der Weisheit, mit der er den unbesonnenen Haufen zur Ordnung und zum Frieden ermahnt, an dem

Ansehen, mit dem er durch wenige Worte ihre Streitigkeiten schlichtet und die Ruhe wiederherstellt, den Führer der Völker wieder, wie ihn uns Homer, und noch mehr, wie ihn uns Hesiodus schildert. Von dieser Seite hat daher die eigentlich heroische Epopee nur sehr wenig vor den unsrigen voraus.

Kein epischer Dichter nemlich kann das Heldenmäßige in den Charakteren entbehren. Denn wenn der lyrische und der tragische nur einzelne Empfindungen und Leidenschaften brauchen, so braucht er hingegen das ganze Wesen des Menschen. Dieses ganze Wesen also muß auch nothwendig etwas Dichterisches besitzen, außer seiner innern und eigentlichen Trefflichkeit zugleich ein taugliches Object für die Einbildungskraft abgeben. Dies aber, wozu vor allem andern Selbstständigkeit und Natur gehört, ist es gerade, was wir heldenmäßig nennen. Wer also in der Epopee mit Glück aufgeführt werden soll, muß selbst, und aus eigner und aus lebendiger Kraft, handeln.

XCVI.
Möglichkeit der heroischen Epopee in unsrer Zeit.

Bei dieser unpoëtischen Lage unsrer Zeit hat der Dichter nichts Eiligeres zu thun, als uns von da weg in eine Welt zu retten, die uns dem glücklicheren Alterthume näher führt; er muß daher seinen Stoff aus demjenigen Theil der Gesellschaft hernehmen, in welchem die ursprüngliche Natur noch die Cultur überwiegt, und ihn überhaupt mehr im bürgerlichen, als im öffentlichen Leben aufsuchen; und dies ist es, wodurch die heroische Epopee jetzt beinah zu einer unmöglichen Aufgabe wird.

Einen antiken Stoff dürfte der epische Dichter nicht leicht, so wie der tragische, wählen; dieser hat nur einen einzelnen Vorfall, eine einzelne Leidenschaft zu schildern, der er, da sie durch alle

Zeiten hin gleich menschlich bleibt, immer die Farbe der Wahrheit geben kann, und gewinnt nun einen, schon vor ihm in dem Geiste seiner Zuschauer poëtisch gebildeten Stoff. Jenem aber, der das ganze Leben seiner Helden zugleich mit allem, was sie umgiebt, schildern soll, der bei weitem nicht mit dergleichen Willkühr Züge aus seinem Bilde weglassen, oder andre hinzufügen darf, würde es auf diesem Boden immer an Natur und pragmatischer Wahrheit mangeln. Wo aber findet er nun in der neueren Geschichte eine eigentlich epische Handlung, eine solche, in welcher der Mensch allein und unmittelbar handelnd und zugleich als Held auftritt? Gesetzt indeß, er fände auch diese, so bleibt noch immer ein andres, beinah unüberwindliches Hinderniß übrig. Eben die Cultur, von der wir im Vorigen sprachen, hat in unsern Handlungen einen Unterschied eingeführt, in dem sie, ganz unabhängig von der natürlichen moralischen Würdigung, einem bloß künstlich verabredeten Maaßstab des Schicklichen und Würdigen unterworfen werden. Jede bloß körperliche Beschäftigung, alles, was zum bloß gewöhnlichen Leben gehört, ist diesen Begriffen nach unanständig und des gebildeten Mannes unwürdig; alles dies muß er andern äußerlich und innerlich minder vom Schicksal Begünstigten überlassen. Wie soll nun der epische Dichter diese Forderung mit dem Gesetze der höchsten Sinnlichkeit, der ununterbrochenen Stetigkeit reimen? soll er seinen Helden als eine Puppe zeigen, die, immer von Andern bedient, für sich selbst nur durch Anordnen und Gebieten, also durch Entschlüsse und Reden, thätig erscheint? oder soll er immer nur die Masse, die ihn umgiebt (immer also nur Begebenheiten, nicht Handlungen) schildern, ihn selbst aber, gleich einem Gott aus der Wolke, nur dann hervortreten lassen, wann er einen entscheidenden Streich auszuführen im Stande ist?

Bis also das epische Genie durch die That das Gegentheil beweist, kann man schon hiernach, ohne noch an das Wunderbare, dessen sie schwerlich entbehren könnte, zu denken, die heroische Epopee in unsern Tagen mit vollkommenem Recht unter die Zahl der Unmöglichkeiten rechnen; und es bleibt daher so lange nichts andres übrig, als alle epischen Stoffe immer nur aus dem Privatleben und zwar aus derjenigen Menschenclasse zu nehmen, die wirklich auch jetzt noch natürlicher, einfacher und antiker lebt. Daß hierbei in der That in Rücksicht auf die Charaktere kein Verlust ist, kann schon *Herrmann und Dorothea* beweisen. Was nur die Menschheit Großes und Edles besitzt, ist darin in seinem vollsten Gehalte ausgeprägt. Dagegen ist an der Erhebung der Phantasie, an dem Schwunge der Begeisterung ein wahrer und beklagenswerther Verlust; aber dieser wäre auch wahrscheinlich (wenn es hier der Ort wäre, die Möglichkeit der heroischen Epopee für uns allgemein zu untersuchen) noch aus andern Gründen, als aus dem bloßen Mangel eines passenden Stoffs unersetzbar. Der prächtige Glanz der Epopee scheint mit dem Sinken der griechischen Sonne erloschen zu seyn; glücklich genug, daß uns unser Dichter zeigt, daß sich wenigstens die reine Bestimmtheit ihrer Umrisse, das rege Leben ihrer Figuren, mit Einem Wort ihre volle und blühende Kraft überhaupt, noch bis zu uns frisch und ungeschwächt erhalten hat.

XCIX.
Diction

Die Schönheit der *Diction* kann nur an einzelnen Beispielen gezeigt, nur empfunden werden; wir schränken uns daher hier bloß auf eine einzige Bemerkung und auf wenige Worte ein.

In keiner Stelle dieses ganzen Gedichts wird man einen überflüssigen Schmuck, eine müßige Metapher, überhaupt einen Ausdruck antreffen, der stärker oder prächtiger wäre, als der Gegenstand ihn verlangt. Nichts kann dem oratorischen Styl in der Poësie, den wir vorzüglich in den Werken der Ausländer so oft bemerken, mehr entgegengesetzt seyn, als der Vortrag unseres Dichters. Überall schildert er nur die Sache, aber überall auch diese in ihrem ganzen und vollen Gehalt.

Wo er große Naturscenen beschreibt, ist sein Ausdruck sinnlich, prächtig und kühn. Herrmann und Dorothea gehen am Abend, da eben die Sonne sich zum Untergange neigt, nach Hause. Wie groß mahlt er uns dieses Schauspiel!

Also gingen die zwei entgegen der sinkenden Sonne,
Die in Wolken sich tief, gewitterdrohend, verhüllte,
Aus dem Schleier, bald hier, bald dort, mit glühenden Blicken
Strahlend über das Feld die ahndungsvolle Beleuchtung.

Es wird Nacht.

Herrlich glänzte der Mond, der volle, vom Himmel herunter;
Nacht war's, völlig bedeckt das letzte Schimmern der Sonne;
Und so lagen vor ihnen in Massen gegen einander
Lichter, hell wie der Tag, und Schatten dunkler Nächte.

Ein reifes Kornfeld wogt, von der Luft bewegt, hin und wieder. Er nennt es *eine goldene Kraft*, die sich im ganzen Felde bewegt. Aber selbst bei diesen Schilderungen sieht man schon, daß er auch sinnliche Gegenstände nicht bloß den Sinnen mahlt, daß er immer die Einbildungskraft zugleich tiefer stimmt, alles charakteristisch, alles in Beziehung auf die ganze Wirkung zeichnet, die es auf uns ausübt.

Denn dies ist die große und schöne Eigenthümlichkeit seines Vortrags. So wie er, wie wir im ersten Theil dieses Aufsatzes sahen, überhaupt immer zugleich und in Eins verbunden die Gestalt mit der Gesinnung darstellt, eben so wählt er auch immer einen Ausdruck, der zugleich beides, die erstere in aller ihrer Individualität, die letztere in aller ihrer Wahrheit zeigt. Daher besitzt er eine so eigenthümliche Kunst, viel durch einzelne Beiwörter auszurichten, am meisten durch die, welche auf den ersten Anblick, und aus dem Zusammenhang herausgerissen, äußerst einfach scheinen, wie der *wohlgebildete* Sohn, der *menschliche* Hauswirth, die *zuverlässige* Gattin.

Wo er Empfindungen mahlt, oder Wahrheiten ausführt, da vermeidet er jedes Wort, das übertrieben oder künstlich scheinen, oder mit dem nur überhaupt das einfachste und schlichteste Gefühl nicht sympathisiren könnte; dagegen knüpft er immer alles das auf einmal zusammen, was mit dieser Einfachheit verträglich ist. Dadurch bekommt jeder seiner Aussprüche ein gewisses gediegnes und antikes Ansehn, und die Begriffe von Tugend, von Glück, von Leben gewinnen bei ihm einen Gehalt und eine Fülle, die wir vergebens bei einem andern Dichter suchen. Es scheinen nicht mehr Worte und Schilderungen; es scheinen diese Gefühle selbst, wie sie aus dem Herzen hervorströmen. Man lese die Rede des Geistlichen über das Bild des Todes (S. 106) noch einmal nach, und fühle selbst, welch ein Leben aus diesen Versen hervorquillt.

C.
Einfachheit der Diction.

So ist die Sprache unsres Dichters durchaus einfach, wahr und kräftig, durchaus in Harmonie mit seinem dichterischen Charakter, wie wir ihn im Vorigen schilderten, und mit den Forderungen der epischen Dichtkunst. Kein einzelner Ausdruck, keine Wendung, kein einziger Vers in dem Ganzen ist weder didaktisch, noch lyrisch.

Der Vorwurf aber, dem dies Gedicht schwerlich ganz entgehn wird, ist der einer zu großen Einfachheit der Darstellung, einer solchen, die manchmal wenigstens matt und prosaisch wird. Bis auf einen gewissen Punkt ist dieser Tadel gegründet; es hätte in der That hie und da ein minder gewöhnlicher Ausdruck gewählt, der Gang der Perioden durch das Hinwegschneiden müßiger Partikeln rascher gemacht; oder ohne auch hierin etwas zu ändern, durch den Bau des Verses dem kleinen Übelstand abgeholfen werden können.

Größtentheils aber entsteht jener Vorwurf nur aus einer einseitigen Ansicht derer, die ihn erheben. Einmal darf ein Gedicht, wie das gegenwärtige, nicht stellenweis, es muß im Ganzen beurtheilt werden. Nur wenn der Eindruck des Ganzen matt und prosaisch ist, oder wenn Leser, die mit vollkommener Theilnahme an dem Gegenstande ihre Aufmerksamkeit durchaus auf das Ganze richten, durch einzelne prosaische Stellen gestört werden, nur dann ist jener Tadel gegründet. Sonst aber ist es sehr natürlich, daß, um dem Ganzen das nöthige Gleichgewicht zu erhalten, um nicht überhaupt in einen Schwung zu gerathen, der dieser Gattung nicht zukommt, einzelne Stellen so gemildert werden müssen, daß sie, allein herausgehoben, nicht anders als matt erscheinen können.

Dann giebt es auch bei der Beurtheilung dessen, was die einen matt, und die andern nur einfach und natürlich nennen, offenbar zwei verschiedene Standpunkte. Die einen nemlich gehen bei dem Dichter mehr von dem Begriff des *Rhapsoden* (des Sängers), die andern mehr von dem des *Poëten* aus – wenn es nemlich erlaubt ist, diese beiden Begriffe, in so fern in dem einen mehr das Musikalische des Gesanges, in dem andern mehr das Künstlerische der Form herrschend ist, von einander zu trennen. Jene sehen ihn als einen Menschen an, der, durch die Eingebung eines Gottes in einen sinnlichen Schwung, in eine hohe Begeisterung versetzt, nun auch eine Sprache annimmt, die sich über alles Gewöhnliche emporhebt, nicht nur der Größe ihres Gegenstandes mit der Kühnheit ihres Ausdrucks folgt, sondern ihm vielmehr da, wo er kleiner erscheint, durch noch größere Kühnheit nachhilft. Sie wollen ganz andre Worte, andre Wendungen, kurz eine durchaus und in jedem Einzelnen andre Sprache, als die Prosa verlangt. Diese betrachten ihn als einen, dessen Einbildungskraft einen Gegenstand lebhaft aufgefaßt hat, und nun, mehr um die Sache, als um den Ton bekümmert, nur daran arbeitet, ihn auszubilden, und wieder der Einbildungskraft Anderer werth zu machen, im Einzelnen der gewöhnlichen Sprache nahe bleibt, aber das Ganze dadurch allein umändert und emporhebt, daß er es, seiner Form nach, zu einem reinen Werke der Phantasie macht.

Diese beiden Ansichten näher zu prüfen und zu würdigen, die Zeiten und Sprachen zu vergleichen, in welchen die eine oder die andre mehr gegolten hat, würde unläugbar zu wichtigen Resultaten führen. Es würde uns lehren, daß erst die vollkommene Scheidung der poëtischen und prosaischen Sprache das Zeichen der vollendeten Bildung des Styls ist, und daß für diese Vollendung bei uns, wenn nicht die Poësie zu prosaisch, doch die Prosa noch zu poëtisch ist. Allein da dies eigne und weitläufige Untersuchungen erforderte, da es uns offenbar nöthigen würde, tief in die Sprache Homers und Plato's (welcher letztere vorzüglich hierüber treffliche Winke enthält) einzugehen; so müssen wir uns hier dabei begnügen, daß in jeder dieser Ansichten, so wie sie im Vorigen geschildert sind, dennoch offenbar etwas Einseitiges und Übertriebenes liegt, und daß jede unläugbar besser zu einer besondern Art der Dichtkunst paßt. Wenn nun unser Dichter ein billigeres Urtheil nach der letzteren erfährt, so verdient er es mit desto größerem Rechte, weil seine Gattung und sein Charakter derselben offenbar mehr angemessen ist.

CI.
Periodenbau.

Der Periodenbau ist so meisterhaft, daß er ein eignes Studium verdiente. Er schildert überall den Gegenstand selbst, folgt ihm in allen seinen Bewegungen, besitzt dabei einen so vollen Numerus des Wohlklangs, schlingt sich so schön durch alle Theile des Rhythmus und durch die Verse hin, und verbindet mit allen diesen Vorzügen eine so ungezwungene und natürliche Leichtigkeit, daß er dadurch allein gewiß sehr viel zu der Objectivität beiträgt, die wir mit so vielem Recht an diesem Gedichte bewundern. Sich hiervon im Einzelnen zu überführen, vergleiche man nur die Beschreibung des verwirrten Gepäcks auf den Wagen der Ausgewanderten, und des Umschlagens eines derselben.

Unter den Constructionen sind mehrere, welche eine Grammatik, die streng am alten Gebrauch hängt, Neuerungen nennen würde. So hat der Dichter z. B. die Trennung des Genitivs von dem Substantivum, das ihn regiert, sehr häufig und an einigen Stellen sehr glücklich gebraucht. Wer fühlt z. B. nicht den größeren Nachdruck, den durch diese Wendung folgende Worte der Mutter erhalten:

Denn mir gab der Tag den Gemahl; es haben die ersten
Zeiten der wilden Zerstörung den *Sohn* mir der *Jugend* gegeben.

Aber auch da, wo sie nicht gerade diese Wirkung hervorbringt, hat sie einen Reiz, der sich manchmal besser empfinden, als erklären läßt.

CII.
Versbau und Rhythmus.

Die Behandlung der Verse gäbe einer Kritik, die ins Einzelne eingehen wollte, zu mancherlei Bemerkungen Stoff. Es ist nicht zu läugnen, daß hier eine Menge kleiner Flecken ins Auge fallen, die man in einem übrigens so vollkommnen Ganzen lieber wegwünschte. Indeß zeigt sich doch auch hier eine gewisse Einheit in dem Charakter des Dichters.

Die bloße einfache Schilderung des Gegenstandes hat in seiner Seele vor der rhythmischen Form einen gewissen Vorzug behauptet. Daher ist der Bau der Perioden besser behandelt, als der Bau der Verse, der Numerus besser als der Rhythmus, welcher letztere nicht nur reicher sondern auch reiner seyn könnte. Sein Stoff hat sich ihm nicht gleich bei dem ersten Wurf hinlänglich rhythmisch geformt dargestellt, und sein nachheriger offenbar sichtbarer Fleiß hat diesem Mangel nicht überall nachhelfen können. Die Vorzüge also, die ihm der Versbau darbot, hat er nicht eben so, als alle übrigen, geltend gemacht; er hat nicht einmal hier durch strenge Beobachtung der Regeln die nothwendige Correctheit erlangt. Daß er aber diese Regeln anerkennt, daß er nicht, wie wohl Andre, glaubt, es sey genug, wenn die Verse fließend und wohlklingend sind, sie möchten übrigens Hexameter seyn oder nicht, oder gar daß es andre Hexameter gebe, als die uns die Alten überliefert haben, beweist er genug dadurch, daß unter allen Hexametern, die wir ihm verdanken, diese nicht nur bei weitem die besten, sondern auch großentheils regelmäßig und tadelfrei, sehr viele derselben musterhaft und vortrefflich sind. Sollte er aber auch in der Folge dahin gelangen, alle kleinen Nachlässigkeiten zu vermeiden, so wird er doch schwerlich je dahin kommen, daß sich die Schönheit und Pracht des Verses, der Reichthum des Rhythmus mit einem gewissen Übergewicht in seinen Productionen ankündigen sollte; und wer ihn tiefer studirt hat, wird dies nicht einmal wünschen können.

Nimmt man daher alles zusammen, was die Diction, den Numerus und den Rhythmus unsres Dichters betrifft, so erscheint er auch hier in durchgängiger Harmonie mit sich selbst, und läßt auch von dieser Seite, im Ganzen genommen, nichts zu verlangen übrig. Im Einzelnen aber werden wir freilich hier kleiner Flecken und Nachlässigkeiten gewahr, welche die einen minder, die andern mehr stören werden, je nachdem einige wirklich strenger und zarter, oder, was vielleicht eben so oft der Fall ist, kleinlicher und pedantischer in ihren Forderungen sind.

Aber selbst diese Nachlässigkeiten verdienen kaum diesen Namen, da sie fast alle wieder kleine Vorzüge mit sich führen. Man versuche es nur, Incorrectheiten in diesem Gedicht umzuändern, und man wird nur äußerst selten darin glücklich seyn, ohne zugleich irgend eine, wenn auch vielleicht kleine, Schönheit der Diction aufopfern zu müssen, wenn man nur fein und tief genug in die Eigenthümlichkeit des Dichters, in die Einfachheit und Objectivität seines Vortrags eingeht. Wie leicht scheint es z. B. in dem Verse:

Reichen Gebreite nicht da, und unten *Weinberg und Garten*

der freilich durchaus unstatthaften Verkürzung der Stammsylbe *»– berg«* durch die Versetzung:

– Garten und Weinberg

abzuhelfen. Aber alsdann wird die Folge der Gegenstände, wie sie in der Natur ist, verändert, und Herrmann nennt zuerst, was seinem Auge später erscheint, und eben so werden sich ähnliche Gründe dem Versuch einer bloßen Veränderung (die nicht die ganze Periode umarbeitet) in einer Menge andrer Stellen widersetzen. Nicht also in einer Unbekanntschaft mit den Regeln des Versbaus, und noch weniger in einer Geringschätzung derselben ist der Mangel, von dem wir hier reden, gegründet; er liegt tiefer in dem Charakter des Dichters, und entsteht allein durch das Übergewicht eines großen und unläugbaren Vorzugs, so daß der

Dichter, wo er glücklich genug ist, denselben ganz zu überwinden, nun auch die höchste Vollendung zugleich in der Form und in dem Tone der Darstellung erreicht.

CIII.

Übereinstimmung des besondren Charakters des Gedichts mit dem allgemeinen der Gattung, zu der es gehört.

Wir haben nunmehr die zwiefache Beurtheilung beendigt, welcher wir dieses Gedicht unterwerfen wollten.

Wenn wir unsern Blick noch einmal auf dieselbe zurückwenden, so finden wir den subjectiven Charakter des Dichters mit den objectiven Gesetzen der Gattung, die er behandelt hat, in durchgängiger Übereinstimmung.

In ihm fanden wir vorzugsweise rein dichterische Darstellungsgabe, Natur und Wahrheit, Ruhe und Einfachkeit, Kraft und diejenige Fülle des Gehalts, welche alle Kräfte des Gemüths, den ganzen Menschen befriedigt. Eben diese Eigenschaften fordert aber auch das epische Gedicht, und gerade in eben der Mischung und Stimmung diejenige besondre Art desselben, der wir *Herrmann und Dorothea* beigezählt haben.

Durch diese Übereinstimmung nun mußte nothwendig das entstehen, wovon wir, als der Totalwirkung des ganzen Gedichts, im Anfange (I.) ausgingen: *die strenge und rein poëtische Objectivität, die Verbindung vollkommener Individualität mit echter Idealität.* Es mußte die Erscheinung hervorkommen, daß wir uns von einem einfachen und schlichten Gegenstande aus in eine Welt idealischer Gestalten versetzt, von einem einzigen Bilde aus zu den höchsten Ansichten erhoben, von den tiefsten Empfindungen durchdrungen fühlen.

Wenn uns die Auseinandersetzung unsrer Gedanken gelungen

ist, so muß der Leser nicht nur jetzt einsehen, wie dies zugegangen ist, sondern auch auf das deutlichste verstehen, wie es bloß dadurch möglich war, *daß sich der Dichter ausschließlich unsrer Einbildungskraft bemeisterte.*

CIV.
Schluß.

Da wir jetzt nichts mehr über unsern Gegenstand hinzuzufügen haben, so sey es uns erlaubt, noch einen allgemeinen Blick auf die Ästhetik überhaupt zu werfen.

Wir haben in unsrer Untersuchung auf die ersten Grundsätze derselben zurückgehn, wir haben die Frage vorlegen müssen: *wie sind überhaupt ästhetische Wirkungen durch den Künstler möglich?* Wir haben es nicht vermeiden können, das Wesen der Kunst überhaupt nahe zu berühren, da sowohl unter allen Dichternaturen die unsres Dichters, als unter allen Dichtungsarten die epische das reinste Gepräge der darstellenden Kunst überhaupt an sich trägt.

Wir haben uns bei dieser Veranlassung genauer über das Wesen und die Methode der Ästhetik im Allgemeinen geprüft, und zu finden geglaubt, daß sie alle ihre Gesetze allein aus der Natur der Einbildungskraft, für sich genommen und auf die andern Gemüthskräfte bezogen, ableiten, und um vollständig zu seyn, einen doppelten Kreis vollenden muß, einmal objectiv den der Möglichkeit ästhetischer Wirkungen, dann subjectiv den der Möglichkeit ästhetischer Stimmungen, also, auf die Dichtkunst angewandt, eben so wohl die verschiednen Dichternaturen, als die verschiednen Dichtungsarten einzeln darzustellen und zu würdigen hat.

Diesen Grundsätzen sind wir bei der gegenwärtigen Beurtheilung gefolgt, und sie würde ihren Zweck ganz erreicht haben, wenn sie Anspruch darauf machen dürfte, als ein Fragment einer so ausgearbeiteten Theorie der Kunst betrachtet zu werden.

Die vollständige Ausführung einer solchen Theorie aber dürfte nie erwünschter als jetzt erscheinen, da sie die Kunst, sie immer auf den Menschen und sein innres Wesen beziehend, mit der moralischen Bildung in nähere Verbindung setzen würde, als bisher geschehen ist, und es nie nöthiger war, die innern Formen des Charakters zu bilden und zu befestigen, als jetzt, wo die äußern der Umstände und der Gewohnheit mit so furchtbarer Gewalt einen allgemeinen Umsturz drohen.

GEORG WILHELM FRIEDRICH HEGEL
(1835)

Suchen wir nun in neuester Zeit nach wahrhaft epischen Darstellungen, so haben wir uns nach einem anderen Kreise als dem der eigentlichen Epopoee umzusehn. Denn der ganze heutige Weltzustand hat eine Gestalt angenommen, welche in ihrer prosaischen Ordnung sich schnurstraks den Anforderungen entgegenstellt, welche wir für das echte Epos unerläßlich fanden, während die Umwälzungen, denen die wirklichen Verhältnisse der Staaten und Völker unterworfen gewesen sind, noch zu sehr als wirkliche Erlebnisse in der Erinnerung festhaften, um schon die epische Kunstform vertragen zu können. Die epische Poesie hat sich deshalb aus den großen Völkerereignissen in die Beschränktheit privater häuslicher Zustände auf dem Lande und in der kleinen Stadt geflüchtet, um hier die Stoffe aufzufinden, welche sich einer epischen Darstellung fügen könnten. Dadurch ist denn besonders bei uns Deutschen das Epos *idyllisch* geworden, nachdem sich die eigentliche Idylle in ihrer süßlichen Sentimentalität und Verwässerung zu Grunde gerichtet hat. Als naheliegendes Beispiel eines idyllischen Epos will ich nur an die *Luise* von *Voß*, sowie vor allem an *Goethe's* Meisterwerk, *Hermann und Dorothea*, erinnern. Hier wird uns zwar der Blick auf den Hintergrund der in unserer Zeit größten Weltbegebenheit eröffnet, an welche sich dann die Zustände des Wirthes und seiner Familie, des Pastors und Apothekers unmittelbar anknüpfen, so daß wir, da das Landstädtchen nicht in seinen politischen Verhältnissen erscheint, einen unberechtigten Sprung finden und die Vermittlung des Zusammenhanges vermissen können; doch gerade durch das Weglassen dieses Mittelgliedes bewahrt das Ganze seinen eigenthümlichen Charakter. Denn meisterhaft hat Goethe die Revolution, obschon er sie zur Erweiterung des Gedichts aufs Glücklichste zu benutzen wußte, ganz in die Ferne zurückgestellt, und nur solche Zustände derselben in die Handlung eingeflochten, welche sich in ihrer einfachen Menschlichkeit an jene häuslichen und städtischen Verhältnisse und Situationen durchaus zwanglos anschließen. Was aber die Hauptsache ist, Goethe hat für dieses Werk mitten aus der modernen Wirklichkeit Züge, Schilderungen, Zustände, Verwickelungen herauszufinden und darzustellen verstanden, die in ihrem Gebiete das wieder lebendig machen, was zum unvergänglichsten Reiz in den ursprünglich menschlichen Verhältnissen der Odyssee und der patriarchalischen Gemälde des alten Testamentes gehört.

HERMANN HETTNER.
GESCHICHTLICHE VORERINNERUNGEN
(1861)

Der Aufforderung des Herrn Verlegers, der von ihm veranstalteten neuen Ausgabe von Wilhelm von Humboldt's ästhetischen Versuchen über Goethe's Hermann und Dorothea einige einleitende Worte vorauszuschicken, entspreche ich um so lieber, da dies Buch in meinen kunstwissenschaftlichen Studien von mir von jeher ein altgewohnter und anregender Begleiter war.

Es ist im Jahre 1797 geschrieben; 1799 erschien es bei Friedrich Vieweg in Braunschweig. Seitdem hat sich unsere Ästhetik durch den Einfluß Schelling's, Solger's und Hegel's in mannichfach andere Anschauung und Ausdrucksweise eingelebt. Es kann daher nicht fehlen, daß dem heutigen Leser Vieles fremdartig und unzulänglich erscheint. Und doch möchte ich wünschen, daß dieses Buch sich auch jetzt noch in immer weitere Kreise verbreitet. Der Kern ist bleibend und unversehrt. Es ist ein Buch voll der tiefsten künstlerischen Einsicht und Feinfühligkeit; durchhaucht und getragen von jener reinen, freien, tief menschlichen Seelenschönheit, die das klassische Zeitalter unserer Philosophie und Dichtung so unwiederbringlich auszeichnet.

Wir gewinnen den sichersten Anhalt für das Verständnis und die Beurtheilung desselben, indem wir auf die Geschichte seines Ursprungs zurückgehen.

Die Jugend Wilhelm von Humboldt's, dieses reichbegabten Geistes, der dereinst für Preußen und Deutschland eine so großartige und befreiende staatsmännische Thätigkeit entfalten und zugleich der epochemachende Begründer der vergleichenden Sprachwissenschaft werden sollte, war vorwiegend von den Einwirkungen der Kantischen Philosophie und von der wärmsten

Liebe zum Alterthum, besonders zur griechischen Dichtung, bewegt und bedingt gewesen. Die ersten schriftstellerischen Arbeiten Humboldt's, die »Ideen zu einem Versuch, die Gränzen der Wirksamkeit des Staates zu bestimmen« (1792), seine »Skizze über die Griechen«, seine Übersetzungen von Bruchstücken aus Äschylus und Pindar, geben von dieser Doppelrichtung lebendiges Zeugniß.

Humboldt war ungefähr sechsundzwanzig Jahre alt, als ein Ereigniß eintrat, welches auf sein gesammtes Leben entscheidend einwirkte. Im April 1793 machte er bei einem Besuche in Jena die nähere Bekanntschaft Schiller's, mit welchem er bereits seit einiger Zeit, persönlich und brieflich, in flüchtigen Berührungen gestanden hatte. Schiller lebte gerade damals nicht minder begeistert im Studium der Kantischen Philosophie und war emsig beschäftigt, auf Grund der Kantischen Kritik der Urtheilskraft, eine eigene und selbständige Kunstlehre aufzubauen, welche kurz nachher ihren tiefsten Abschluß in den Briefen »Über die ästhetische Erziehung des Menschen« fand. Humboldt wurde von Schiller so lebhaft angeregt, daß er sich rasch entschloß, auch seinerseits nach Jena überzusiedeln. Dies geschah im Frühjahr 1794. Bald wurden Beide, Schiller und Humboldt, durch die innigste Freundschaft verbunden. Die Freunde sahen sich, wie Wilhelm von Humboldt in der Einleitung seines von ihm im Jahre 1830 herausgegebenen Briefwechsels mit Schiller erzählt, alltäglich mit ihren Familien zweimal, vorzüglich aber des Abends allein und meistentheils bis tief in die Nacht. Es waren herrliche Stunden ergiebigster Anregung und Wechselwirkung. Schiller war ein Virtuos des Gesprächs; er suchte, um mit Humboldt's eigenen Worten zu sprechen, nie nach einem bedeutenden Stoffe der Unterredung, er überließ es mehr dem Zufall, den Gegenstand herbeizuführen, aber von jedem aus leitete er das Gespräch zu einem allgemeinen Gesichtspunkte, und man sah sich nach wenigen Zwischenreden in den Mittelpunkt einer den Geist anregenden Discussion versetzt; er behandelte den Gegenstand immer als ein gemeinschaftlich zu gewinnendes Resultat, schien immer des Mitredenden zu bedürfen, wenn dieser sich auch bewußt blieb, die Idee allein von ihm zu empfangen und ließ ihn nie müßig werden. Humboldt, eine empfängliche und anempfindende Natur und, wie er selbst einmal in der Rückerinnerung jener schönen Zeit an Schiller schreibt, in seiner geistigen Thätigkeit fremder Erweckung, Nahrung und Unterhaltung bedürftig, war ganz der Mann dazu, dieses gesellschaftliche Denken, das er als sein eigenstes Wesen bezeichnet, in den regsten Fluß zu bringen. Schiller rühmt in einem Briefe an Körner vom 18. Mai 1794, daß sich im Gespräch mit Humboldt alle seine Ideen glücklicher und schneller entwickeln; Humboldt nahm den unversieglichen und überströmenden Quell von Schiller's großartig schöpferischem Gedankenreichthum mit um so volleren Zügen in sich auf, je mehr ihm Schiller fertig entgegenbrachte, was auch in ihm werdelustig gährte, ohne daß es sich doch bisher zu klarer Gestaltung herausgerungen hatte. Seitdem war Humboldt für immer in die Schillerschen Ideenkreise gezogen.

Nach einem Aufenthalt von sechszehn Monaten mußte Humboldt, gedrängt durch die Rücksicht auf seine kranke Mutter, in den ersten Tagen des Juli 1795 Jena verlassen. Aber der regelmäßigste und eingehendste Briefwechsel suchte den Verlust des unmittelbar persönlichen Verkehrs nach Möglichkeit zu ersetzen. Schiller war inzwischen aus den Lehrjahren seiner geschichtlichen und philosophischen Studien in die Meisterjahre seines reifsten dichterischen Schaffens getreten. Gleichsam um sich den Übergang zu bahnen, schrieb er jene scharfsinnigen und unumstößlichen Abhandlungen über naive und sentimentale Dichtung, in welchen er sich, wie er in einem Briefe an Humboldt vom 26. October 1795 sagt, vor Allem die Frage beantworten wollte, in wie weit er bei seiner von ihm klar erkannten Entfernung von dem Geiste der griechischen Poesie noch Dichter sein könne, und zwar besserer Dichter, als der Grad jener Entfernung zu erlauben scheine. Humboldt vertieft sich auch jetzt wieder in die bruchstückweise mitgetheilten Erörterungen aufs lebhafteste. Der Briefwechsel mit Schiller giebt darüber die regsamste Rede und Widerrede. Endlich war das Ganze erschienen. Humboldt schildert in einem Briefe vom 18. December 1795 den Eindruck dieser Abhandlungen als so überwältigend, »daß sie ihm zu fast allen Zweifeln, in welchen er sonst manchmal im kritischen Urtheile über Dichter schwankte, die Auflösung, und zu seinen Haupturtheilen selbst den bestimmten deutlich ausgesagten Grund hergegeben haben«. Wir unsererseits können zu diesem Selbstbekenntniß hinzufügen, daß diese Abhandlung der maßgebende Text wurde, in welchem sich, erläuternd und anwendend, fortan ganz ausschließlich das gesammte ästhetische Empfinden und Denken Humboldt's bewegte.

Am 1. November 1796 kehrte Wilhelm von Humboldt mit seiner Familie wieder nach Jena zurück und verweilte dort den ganzen Winter. Die glücklichsten Stunden des innigsten Zusammenlebens und des regsten Gedankenverkehrs mit Schiller erneuten sich. Wie früher verlebten auch jetzt die Freunde regelmäßig die Abende miteinander. Wilhelm von Burgsdorf, ein strebsamer Jüngling, welcher sich damals bei Humboldt aufhielt, hat in einem Briefe an Rahel (mitgetheilt in Varnhagen's Galerie von Bildnissen. Leipzig 1836. Bd. 1, S. 114), ein anziehendes Bild dieser Abende gegeben; Schiller nur in seinen Ideen lebend und nur Dasjenige achtend und liebend, was sich an seine ewige Geistesthätigkeit knüpft, und Humboldt, im vollsten Behagen langersehnter befriedigter Gegenwart und daher zwangloser und liebenswürdiger als je, in aller heiteren Sprunghaftigkeit des Gesprächs immer streng bei der Sache bleibend, ernst und streng sachlich nach der klaren Erfassung der Wahrheit strebend und nicht eher rastend und abbrechend, als bis die Unterhaltung zu einem letzten Ergebniß gelangt ist. Jedoch die Dinge, über welche verhandelt wurde, waren andere als in den früheren Jahren. Schiller saß über den Vorarbeiten zum Wallenstein und war nicht mehr mit voller Seele bei begrifflich allgemeinen, rein philosophischen Untersuchungen. Goethe, nunmehr mit Schiller durch engste Freundschaft verbunden und dadurch auch mit Humboldt in den herzlichsten persönlichen Verkehr gekommen, hatte sich gegen das Ende des Winters ebenfalls nach Jena gewendet und vollendete hier das herrliche Idyllion von Hermann und Dorothea. Wie natürlich, daß die Gespräche oft und gern bei dem Wesen des Epos und der Tragödie und deren inneren Gegensätzen verweilten! Goethe las an jenen Abenden bei Humboldt mehrfach sein Gedicht vor, durchsprach es mit den Freunden, und nahm für die Prosodie die kundige Unterstützung und Nachhilfe Humboldt's in Anspruch. Humboldt war ganz erfüllt von der Einzigkeit dieses Gedichtes, das ihm sein reines Menschheitsideal und seine liebevoll gehegte Überzeugung von der inneren Verwandtschaft des griechischen und deutschen Volksgeistes in der herzgewinnenden Einfachheit idealster Kunstschöpfung entgegentrug. Humboldt fühlte sich in seinem tiefsten Wesen bereichert. Es drängte ihn, alle die mannichfachen und tiefergreifenden Eindrücke und Anregungen, welche er seit Jahren von Schiller und in den letzten Monaten von Goethe bekommen hatte, selbstgestaltend zu fester Einheit zusammenzuschließen. Schon früher hatte er einmal daran gedacht, seine Ideen über Kunst und Dichtung in eine Besprechung von Vossen's Luise niederzulegen. Jetzt hatte er einen glücklicheren Anhalt. Alles, was ihn bewegte und beschäftigte, hatte seine Erfüllung in der lebendigen Anschauung und Erkenntniß jenes Goethe'schen Gedichtes gefunden, das er nicht zu kritisiren, sondern nur in seinen Motiven und in seiner Gesammtstimmung zu erklären brauchte, um die probehaltige Richtigkeit seiner Ansichten zu erweisen.

Dies ist der geschichtliche Ursprung des hier vorliegenden Buches über Goethe's Hermann und Dorothea. Ende April 1797 war Humboldt von Jena nach Berlin gegangen. Es folgten rasch wechselnde Aufenthalte in Dresden, Wien und Paris. Im Trubel der Reise reiften die keimenden Entwürfe; in Paris wurde das Buch vollendet. Am 15. Mai 1798 war, wie aus einem an diesem Tage geschriebenen Briefe Schiller's an Goethe erhellt, die Handschrift in Schiller's Händen. Die Schnelligkeit der Abfassung inmitten der buntbewegten und zerstreuenden äußeren Umgebung bezeugt, wie unvertilgbar der Stoff sich der Seele Humboldt's bemächtigt hatte.

Haym sagt in seiner vortrefflichen Biographie Wilhelm von Humboldt's (Berlin 1856) sehr bezeichnend: »Als Humboldt Jena verließ, blickte Schiller nicht ohne Wehmuth auf das Verhältniß mit ihm als auf ein beschlossenes zurück, welches nicht mehr wiederkommen könne. Als ein unvergängliches faßte es Humboldt. In seinem Gemüthe bewegten sich unaufhörlich die Bilder aus dem Kreise des Jenaer Lebens. Fort und fort, und je weiter desto vernehmlicher, klang ihm Schiller's ideenreiches Gespräch nach. Fort und fort stiegen vor ihm die Gestalten des Goethe'schen Gedichtes auf, das er durch die eingehendste Theilnahme sich zu eigen gemacht hatte. Er hatte aus Schiller's Gesprächen die reinste und höchste Ansicht der Dichtkunst, aus Goethe's Gedicht die unmittelbare Erscheinung einer ächten und vollendeten Natur davongetragen. Beides fügte sich zu einem Ganzen zusammen. Endlich war der Moment gekommen, wo er über einer Ausführung die Bedenken vergessen konnte, die ihm bisher so oft alle literarischen Projecte immer wieder aus der Hand gespielt hatten. Die Macht der Einflüsse, die er noch zuletzt in Jena erfahren hatte, machte alle seine Reflexionen und alle seine Vorsätze zu Schanden. Er hatte die Idee einer Charakteristik der damaligen Zeit noch in Jena nicht aufgegeben. Er hatte daneben den Plan einer vergleichenden Anthropologie gefaßt. Er hatte weiterhin mit Körner ein gemeinschaftliches Werk verabredet, welches psychologisch-kritische Zergliederungen und Darstellungen aus dem Gebiete der Literatur enthalten sollte. Von all dem steckte etwas in der Arbeit, die ihm endlich zu Stande kam; aber sie war in erster Linie eine viel natürlichere und einfachere Frucht seines Lebens in dem Denken und Dichten Schiller's und Goethe's. Ein Jahr war vergangen, seit er diesen die Hand zum Abschiede gereicht hatte, von Jena war er nach Paris verschlagen; da auf einmal überraschte er die Freunde durch ein Manuscript. Es war ein Buch wie sonst seine Briefe gewesen waren«.

Aus dieser Art der Entstehung erklärt sich sowohl die Form, welche Humboldt für sein Buch wählte, wie der Standpunkt, welchen er in seinen einzelnen Ausführungen einnimmt.

Die Form ist nicht glücklich. Humboldt hatte sich eine zwiefache Aufgabe gestellt. Erstens sollte sein Buch eine Würdigung von Goethe's Hermann und Dorothea und dabei, so viel als innerhalb dieser Begrenzung möglich, eine Würdigung von Goethe's gesammter Dichternatur und Eigenthümlichkeit sein; und zweitens sollte es, zur Beweisführung, daß hier ein Kunstwerk der höchsten Art vorliege, das Einzelne aus dem Allgemeinen ableitend, sich zu einer umfassenden philosophischen Kunst- und Dichtlehre, oder um den eigenen Ausdruck Humboldt's beizubehalten, sich zu einer Elementar-Aesthetik erweitern. Allerdings hat Humboldt die Verschlingung dieser Doppelaufgabe mit großer Geschicklichkeit angelegt. Lessing's Laokoon, welcher in gleicher Weise von einem einzelnen Ausgangspunkte zur Darlegung allgemeiner Kunstgesetze aufsteigt, ist das unverkennbare, oft mit großer Feinheit nachgebildete Muster. Die strengste Folgerichtigkeit des logischen Fortschritts ist scharf und deutlich hervorgehoben. Der erste Theil (Abschnitt I bis L.) schildert Hermann und Dorothea als ächtes Kunstwerk und als ächtes Gedicht; daher die Erörterung des Wesens der Kunst an sich und der Dichtkunst insbesondere, die Unterscheidung des hohen und reinen Stils von der Manier oder dem Afterstil, der Begriffsentwicklung des Naiven und Sentimentalen oder des Antiken und Romantisch-Modernen. Die zweite Hälfte (Abschnitt LI bis CIV.) schildert Hermann und Dorothea als ächtes Epos; daher der Begriff des Epos und sein Gegensatz gegen Tragödie und Lyrik, die Abgrenzung von Epos und Idylle, die Begründung und Aufsuchung der epischen Gesetze und Motive. Zuerst immer das Allgemeine, dann die Nutzanwendung auf das Einzelne. Die Betrachtung bewegt sich, um ein Bild aus dem Buche selbst zu entlehnen, in lauter kleinen, sanft gebrochenen und doch immer stetigen Wellen; sie scheint sich nach Laune und Zufall des Augenblicks frei zu ergehen und steuert doch klar und sicher nach dem fest abgesteckten Ziele. Aber ein Übelstand bleibt es trotzalledem, daß Humboldt alle diese weit auseinander liegenden Fragen, blos darum, weil er die Anregung und Lösung derselben gleichzeitig empfangen und erarbeitet hatte, nun auch sofort in eine gemeinsame Form goß und einem und demselben Buch anvertraute. Der Grundgedanke von Lessing's Laokoon, die Erforschung der unverbrüchlichen Stilunterschiede zwischen der Dichtung und den bildenden Künsten, steht zu seinem äußeren Anlaß, der Vergleichung der Laokoonsgruppe mit den dichterischen Darstellungen desselben Motivs, in der engsten und unabweislichsten Verbindung. Wer aber, um einem einzelnen, auch noch so vortrefflichen Gedicht die gebührende Stellung anzuweisen, unverdrossen die gesammte Kunstlehre vorträgt, zersplittert die Aufmerksamkeit sowohl für das Einzelne wie für das Allgemeine. Ja, es kann nicht fehlen, daß er vor lauter Gründlichkeit zuweilen breit und langweilig wird. Diese Gewaltsamkeit der Komposition wird hier um so nachtheiliger, das Wilhelm von Humboldt's Stil ohnehin trocken und phantasielos, ohne Wärme und Bildlichkeit ist. Die Wirkung war daher von Anfang an keine durchschlagende. Für die Beurtheilung von Goethe's Hermann und Dorothea lief August Wilhelm von Schlegel's bekannte Recension, für die allgemeine Kunstlehre Schelling und seine Schule dem Buche Humboldt's den Rang ab.

Aber wer wird verstimmt über die spröde Schale rechten, wenn der Gehalt so bedeutend und keimkräftig ist?

Es ist, als könnten wir jener sokratischen Unterhaltung lauschen, welche einst in schönen Winterabenden unsere edelsten Geister vereinigt hatte. Es ist wahrlich kein Vorwurf, wenn wir sagen, daß wir zunächst überall die gebietende Ideenmacht Schiller's heraushören. Am deutlichsten treten diese Anklänge hervor in der scharfen und farbensatten Ausmalung des Naiven und Sentimentalen als des Grundunterschiedes zwischen antiker und moderner Kunstbildung, in der Gegenüberstellung von musikalischer und plastischer Dichtung, in der Begriffsbestimmung des Idyllischen und Satirischen, in der Betrachtung Goethe's als desjenigen Dichters, »welcher mehr an die Forderungen und das Wesen der Kunst überhaupt, als einseitig an die eigenthümliche Natur der Dichtkunst erinnert.« Aber wir würden sehr ungerecht sein, wollten wir Humboldt's Verdienst nur darauf beschränken, daß er aus der reichen Gedankenwelt Schiller's Einzelnes näher bestimmt und ausgeführt habe. Seine Schrift sprudelt eben so reich an den tiefsinnigsten und treffendsten Beobachtungen, Erfahrungen und Urtheilen über Künstler, Dichter und Dichtwerke, wie sie nur einem sehr vielseitigen und warm und selbständig empfindenden und denkenden Kunst- und Literaturkenner zu Gebote stehen, als an den feinsten und seelenvollsten Einblicken in die Geheimnisse und Bedingungen des schöpferischen Künstlergeistes, wie sie niemals der abgezogene Schulphilosoph, sondern nur derjenige haben kann, der ein Stück lebendiger Künstlernatur in sich selbst trägt. Wie tief und feinsinnig sind, um nur Einiges namentlich hervorzuheben, die Schilderungen der dichterischen Gestaltenmalerei, die Betrachtungen über Homer und Ariost, wie innig und umfassend die Gesammtbeurtheilung Goethe's in seiner reinen und schönen Menschlichkeit, in seinem Verhältniß zum Alterthum und zu anderen neueren Dichtern, in seiner Deutschheit und in jener tiefinnigen Verwandtschaft mit Rafael, welche sich Jedem aufdrängt, der das Glück hat, beide Genieen in ihrer innersten Eigenthümlichkeit zu kennen! Es giebt tüchtige und mit Recht anerkannte Kunstgelehrte, wie vor Allen Gervinus, welche die theoretische Unterlage ihrer kunst- und literaturgeschichtlichen Betrachtungsweise einzig und ausschließlich aus Schiller's Abhandlung über naive und sentimentale Dichtkunst und aus dem vorliegenden Buch Wilhelm von Humboldt's über Goethe's Hermann und Dorothea geschöpft haben; und ich bin durchaus nicht gemeint, mit der Erwähnung dieser unleugbaren Thatsache gegen jene Gelehrte einen Tadel auszusprechen, obwohl derjenige, der von der Poesie zur bildenden Kunst übergeht, oder sich in Wesen, Aufbau und Gliederung des Dramas hineinleben will, allerdings auch nach anderen Führern wird ausschauen müssen. Es möchte nur sehr Weniges sein, was man jetzt veraltet zu nennen befugt wäre. Um so mehr ist eine empfindliche Lücke zu bedauern, welche die eigenste Aufgabe Humboldt's beeinträchtigt. Humboldt war ein genauer Freund Friedrich August Wolf's. Er hatte dessen Untersuchungen über Homer mit der lebhaftesten Theilnahme verfolgt. Wie war es möglich, daß er den tiefgreifenden Unterschied zwischen Volksepos und Kunstepos nirgends auch nur mit dem leisesten Fingerzeig berührte?

Und auch für die wissenschaftliche Behandlung der Aesthetik

selbst liegt in diesem Buch eine sehr bedeutsame Wendung.

Als Humboldt die Abhandlung Schiller's über naive und sentimentale Dichtung erhielt, rügte er in seinem Antwortschreiben, daß Schiller diese beiden Dichtformen nur als gegebene Thatsachen aufgenommen, nicht aber aus ihrem höheren Begriff, d. h. aus ihrem gemeinsamen Urquell abgeleitet habe. Humboldt suchte das bei Schiller Vermißte selbständig zu ergänzen. Es ist durchaus im Sinne und nach dem Vorgange Kant's, wenn Humboldt die menschliche Einbildungskraft als diese einheitliche Grundkraft aller schöpferischen Kunstthätigkeit hinstellt; aber es ist Humboldt's eigene That und sein zielzeigendes Verdienst, daß er es unternahm, mit dieser Bestimmung auch in der Anwendung auf das Einzelne vollsten Ernst zu machen und in dem Wesen der Einbildungskraft das Wesen aller Kunst, ihrer einzelnen Formen und ihrer geschichtlichen Erscheinungen aufzuzeigen. Humboldt wußte, daß es darauf ankomme, die Kantische Kritik der Einbildungskraft umzugestalten; er ist der Erste gewesen, welcher, um in heutiger Sprachweise zu sprechen, die Aesthetik wesentlich als Physiologie der Phantasie faßte. Aber allerdings reichte Humboldt's Kraft noch nicht aus, diese gewichtige Forderung in ihrer ganzen Tragweite zu übersehen und zu erfüllen. Seine begrifflichen Ableitungen sind stumpf und unbeholfen, seine geschichtlichen haften einseitig und ungeschichtlich an dem von Schiller überkommenen Maßstabe des Naiven und Sentimentalen. Humboldt hat später in seinen sprachwissenschaftlichen Untersuchungen gezeigt, wie mächtig er es verstand, die Physiologie des menschlichen Sprachvermögens bis in ihre feinsten Folgerungen hinein zu verfolgen; die Aesthetik ist jedoch erster Versuch und unvollendetes Bruchstück geblieben. Daher war der Einfluß Humboldt's auf die Fortbildung der Aesthetik kein nachhaltiger und ist sogar mehr als billig verdrängt worden. Schelling, Solger und Hegel brachten die sogenannte Metaphysik des Schönen und gewannen die Uebermacht. Die Achillesferse dieser »speculativen« Aesthetik der Schelling-Hegelschen Schule ist, daß sie den psychologischen Ursprung der Kunst nicht erklärt. Sie setzt die Nothwendigkeit der Kunstschönheit in die Unzulänglichkeit der Naturschönheit und in den Drang, diese zu überwinden. Wer aber löst auf dieser Grundlage das Räthsel, daß sich schon bei den unentwickelten Naturvölkern, die sich nicht nur der Natur nicht überlegen fühlen, sondern von deren Gewalt überwältigt die nackten Naturdinge als ihre höchsten Götter verehren, unaufhaltsam der Kunsttrieb hervorbricht und sich zum Theil sogar schon in den überraschendsten Werken bethätigt? Die speculative Aesthetik, so großartig auch sonst ihre Errungenschaft ist, macht das Ideal, das sie erst aus der Thatsache und der Anschauung vollendeter Kunstwerke gewonnen hat, zum treibenden Grundgedanken; sie macht das Ende zum Anfang. Sollte es also nicht an der Zeit sein, zu dieser Humboldt'schen Physiologie der schöpferischen Einbildungskraft wieder mit voller Bewußtheit zurückzukehren, um sie folgerichtig fortzubilden und auszugestalten?

Es ist merkwürdig zu sehen, wie sich die beiden Dichterheroen zu einem Buche verhielten, das zu ihnen in so nahem Bezug stand.

Je neidischer und kleinlicher heute unsere Dichter, die freilich in ihrer großen Mehrzahl nur Schöngeister, nicht Dichter in Wahrheit sind, das Lob überwachen, was dem Einen oder dem Anderen gezollt wird, um so erhebender ist die lautere Seelengröße Schiller's, die sich auch hier wieder glänzend bewährte. Es ist sicher einem Jeden aus der Seele gesprochen, wenn Haym sagt: »Mit unbedingter und uneingeschränkter Bewunderung sprach Humboldt von Goethe. Das ganze Buch war nur eine Ausführung dieses Einen Textes. Der Name Schiller's war darin nicht zu finden. An Schiller nichtsdestoweniger sandte er das

Manuscript und beauftragte ihn mit der Veröffentlichung desselben. Immer ist es uns als eines der unwidersprechlichsten Zeugnisse für die Reinheit und Liebenswürdigkeit von Schiller's Charakter erschienen, daß dieser die Schrift des Freundes mit vollkommen unparteiischer Billigung empfing. Er hatte allerdings auch Tadel darüber auszusprechen. Aber dieser Tadel bezog sich theils auf die Form, theils gerade auf Dasjenige, worin er seinen Einfluß auf den Freund zu erkennen glaubte. Keine Spur von Empfindlichkeit war diesem Tadel beigemischt. Das, ohne Zweifel, war eine in der Literatur seltene Erscheinung; aber seltsamer war es, daß Humboldt diese Gesinnung bei Schiller voraussetzte.« Die Urtheile, welche Schiller an Humboldt selbst, und die Urtheile, welche Schiller an Goethe und Körner schrieb, sind durchaus gleichlautend.

Humboldt's Buch fiel bei beiden Dichtern nicht in die günstigste Stimmung. Beiden war durch ihren hohen Freundschaftsbund ein neuer Dichterfrühling erblüht; Beide lebten wieder mehr als je in der frischesten Schöpferlust. Goethe hatte für philosophische Untersuchungen über Kunst in seinem thatsächlichen Sein keine Handhabe; jene Abneigung, welche er gegen Bestrebungen dieser Art einmal gegen Eckermann aussprach, war nicht eine Laune und Grämelei des Alters, sondern innerste Eigenthümlichkeit. Schiller hatte inzwischen die Zeit seines Philosophirens so gründlich überwunden, daß er wiederholt aussprach, wie gern er Alles, was er oder ein Anderer von der Elementar-Aesthetik wisse, für einen einzigen empirischen Vortheil, für einen Kunstgriff des Handwerks hingeben würde. Die Freunde erkannten, daß diese Arbeit nicht ganz in ihre gegenwärtigen Umstände eingreifen könne. Goethe hat daher, obwohl er sich freute, »wenigstens auf der letzten Strecke seiner dichterischen Laufbahn mit der Kritik in Einstimmung zu gerathen«, niemals ausführlich sich über dieses Buch ausgesprochen, und

Schiller hatte für die Mängel desselben ein scharfes Auge. Er tadelt daher sowohl in seinen Briefen an Goethe (Nro. 473), wie an Körner, die Kraftlosigkeit des Stils, dem es an einer gewissen nothwendigen Kühnheit des Ausdrucks und in Rücksicht auf die ganze Behandlung an der Kunst der Massen fehle; er tadelt die Komposition, welche einen nicht zu vermittelnden Sprung von dem Begriffe und dem Gesetze zu dem einzelnen Falle und zur Anwendung auf den Dichter hervorrufe. Aber er vergißt nirgends hinzuzusetzen, daß das Buch in seiner Art an Gründlichkeit, Breite und Tiefe, an Scharfsinn der Unterscheidung und an Fülle der Verbindung Seinesgleichen suche und daß es Alles zur Sprache bringe, was sich durch Räsonnement über die Gattung und die Arten der Poesie ausmachen oder ahnen lasse. Es ist nicht schmeichelnde Höflichkeit, sondern die wohl ermessene und aufrichtige Überzeugung Schillers's, wenn er an Humboldt schreibt: »Ihre Schrift ist mir auch als ein Beweis merkwürdig, was der speculative Geist, dem Künstler und Poeten gegenüber, eigentlich leisten kann, denn was hier nicht geleistet worden, das kann auf diesem Wege überhaupt nicht geleistet noch gefordert werden. Sie haben den philosophisch-kritischen Verstand, in sofern es diesem mehr um allgemeine Gesetze als um regulatorische Vorschriften, mehr um die Metaphysik als um die Physik der Kunst zu thun ist, auf das vollständigste, würdigste und lieberalste repräsentirt und nach meinem Gefühle das Geschäft geendigt. Es ist zum Erstaunen, wie genau, wie vielseitig, wie erschöpfend Sie Alles behandelt haben, so daß ich überzeugt bin, was auch künftighin über den Proceß des Künstlers und Poeten, über die Natur der Poesie und ihre Gattungen noch mag gesagt werden, es wird Ihren Behauptungen nicht widersprechen, sondern sie nur erläutern, und es wird sich in Ihrem Werke gewiß der Ort nachweisen lassen, in den es gehört und der es implicite schon enthält.«

Auf jene Grundfrage, welche für den Ausbau der Aesthetik als Wissenschaft so wichtig ist, auf die Stellung, welche Humboldt der Naturgeschichte der Phantasie als Ausgangspunkt aller wissenschaftlichen Kunstbetrachtung gegeben hatte, ist Schiller nicht eingegangen; dazu lagen ihm philosophische Anliegen bereits zu fern.

Es ist bekannt, daß Humboldt diesen Weg nicht weiter fortgesetzt hat, obgleich er ununterbrochen, nicht blos in Rom, sondern auch sein ganzes übriges Leben hindurch der Kunst und Dichtung die liebevollste Theilnahme und Empfänglichkeit zuwendete. Als er nach bedeutender öffentlicher Wirksamkeit wieder zu der gemüthstillen Pflege der Wissenschaft zurückkehrte, hatte das Denken und Forschen über Wesen und Geschichte der Sprache in ihm die Oberhand gewonnen.

Man kann nicht sagen, daß durch diese veränderte Thätigkeit Humboldt seiner ursprünglichen Richtung untreu geworden.

Im Gegentheil. Nicht blos für die Einsicht in die Geistesentwicklung Wilhelm von Humboldt's, sondern weit mehr noch für die unbefangene Beurtheilung der Aufgaben und Ziele der Aesthetik ist es von der folgenreichsten Bedeutung, klar zu erkennen, daß der sprachwissenschaftliche Standpunkt Humboldt's im Wesentlichen derselbe ist wie sein kunstwissenschaftlicher; nur durchgebildeter und abgeschlossener.

Wie Humboldt's Aesthetik, wenn auch nicht in ihrer Durchführung, so doch in ihrer Grundanschauung durchaus auf eine Physiologie der Phantasie angelegt war, so ist ihm die Sprachwissenschaft eine Physiologie des allgemeinen menschlichen Sprachvermögens. Die vergleichende und geschichtliche Grammatik, an deren Ausbau Humboldt selbst noch seine schöpferische Hand legte, ist die großartige Frucht dieser Auffassungsweise.

Liegt es nicht nahe, diesen innerlich folgerichtigen Ausbau der

Sprachwissenschaft auch für den gleichen folgerichtigen Ausbau der Kunstwissenschaft nutzbar zu machen?

Erscheint es immer mehr und mehr als unabweisbar, in der wissenschaftlichen Grundlegung der Kunstwissenschaft den Boden der Schelling-Hegelschen Aesthetik zu verlassen, oder, mit anderen Worten, nicht von dem in dieser als fertig vorausgesetzten Begriff der Schönheit und des Kunstideals, sondern vielmehr von dem thatsächlich geschichtlichen Anfang und Ursprung der Kunst, von der Natur und Gesetzmäßigkeit der menschlichen Phantasiethätigkeit auszugehen, und deren stilistische Bedingtheit durch die Natur des künstlerischen Darstellungsmittels und die Verschiedenheit der schaffenden Völker und Zeitalter darzustellen, so ist bestimmt das Ziel ausgesprochen, welches die Kunstwissenschaft, nach dem ruhmreichen Vorgang der verwandten Sprachwissenschaft, fest ins Auge zu fassen hat.

Die Aesthetik, soll sie in Wahrheit Wissenschaft sein, ist wesentlich vergleichende Kunstgeschichte.

Wer dieses lockende und fruchtbringende Werk unternimmt, wird die Aufgabe haben, Wilhelm von Humboldt, den Kunstforscher, durch Wilhelm von Humboldt, den Sprachforscher, zu ergänzen und fortzubilden.

insel taschenbücher

Alphabetisches Verzeichnis

Die großen Detektive it 101
Diderot: Die Nonne it 31
Eichendorff: Aus dem Leben eines Taugenichts it 202
Eisherz und Edeljaspis it 123
Fabeln und Lieder der Aufklärung it 208
Der Familienschatz it 34
Ein Fisch mit Namen Fasch it 222
Flaubert: Ein schlichtes Herz it 110
Fontane: Der Stechlin it 152
Fontane: Effi Briest it 138
le Fort. Leben und Werk im Bild it 195
Caspar David Friedrich: Auge und Landschaft it 62
Manuel Gassers Köchel-Verzeichnis it 96
Das Geburtstagsbuch it 155
Geschichten der Liebe aus 1001 Nächten it 38
Gespräche mit Marx und Engels (2 Bände) it 19/20
Goethe: Dichtung und Wahrheit (Kassette)
it 149/it 150/it 151
Goethe: Die Leiden des jungen Werther it 25
Goethe: Die Wahlverwandtschaften it 1
Goethe: Faust (1. Teil) it 50
Goethe: Faust (2. Teil) it 100
Goethe: Italienische Reise it 175
Goethe: Maximen und Reflexionen it 200
Goethe: Reineke Fuchs it 125
Goethe: Tagebuch der italienischen Reise 1786 it 176
Goethe: West-östlicher Divan it 75
Grandville: Bilder aus dem Staats- und Familienleben
der Tiere (2 Bände) it 214
Hebel: Kalendergeschichten it 17
Heine: Aus den Memoiren des Herren
von Schnabelewopski it 189
Heine: Buch der Lieder it 33
Heras: Am Anfang war das Huhn it 185
Hesse: Dank an Goethe it 129
Hesse: Geschichten aus dem Mittelalter it 161
Hesse: Hermann Lauscher it 206
Hesse: Kindheit des Zauberes it 67

Michelangelo: Handzeichnungen und Dichtungen it 147
Michelangelo. Leben und Werk it 148
Minnesinger it 88
Mirabeau: Der gelüftete Vorhang it 32
Mordillo: Das Giraffenbuch it 37
Mordillo: Das Giraffenbuch 2 it 71
Mordillo: Träumereien it 108
Morgenstern: Alle Galgenlieder it 6
Mörike: Die Historie von der schönen Lau it 72
Mozart: Briefe it 128
Musäus: Rübezahl it 73
Mutter Gans it 28
Die Nibelungen it 14
Nietzsche: Also sprach Zarathustra it 145
Novalis. Dokumente seines Lebens it 178
Orbeliani: Die Weisheit der Lüge it 81
Orbis Pictus it 9
Ovid: Ars Amatoria it 164
Paul: Des Luftschiffers Gianozzo Seebuch it 144
Petzet: Das Bildnis des Dichters it 198
Phaïcon 1 it 69
Phaïcon 2 it 154
Pöppig: In der Nähe des ewigen Schnees it 166
Polaris 1 it 30
Polaris 2 it 74
Polaris 3 it 134
Potocki: Die Handschrift von Saragossa it 139
Rabelais: Gargantua und Pantagruel (2 Bände) it 77
Die Räuber vom Liang Schan Moor (2 Bände) it 191
Reden und Gleichnisse des Tschuang Tse it 205
Rilke: Ausgesetzt auf den Bergen des Herzens it 98
Rilke: Das Buch der Bilder it 26
Rilke: Duineser Elegien / Die Sonette an Orpheus it 80
Rilke: Geschichten vom lieben Gott it 43
Rilke: Neue Gedichte it 49
Rilke: Das Stunden-Buch it 2
Rilke: Wladimir, der Wolkenmaler it 68

Rilke. Leben und Werk im Bild it 35
Scheerbart: Rakkóx der Billionär it 196
Schiller: Der Geisterseher it 212
Schlote: Das Elefantenbuch it 78
Schlote: Fenstergeschichten it 103
Schmögner: Das Drachenbuch it 10
Schmögner: Das unendliche Buch it 40
Schopenhauer: Aphorismen zur Lebensweisheit it 223
Schumacher: Ein Gang durch den
  Grünen Heinrich it 184
Schwab: Sagen des klassischen Altertums
  (3 Bände) it 127
Scott: Im Auftrag des Königs it 188
Shakespeare: Sonette it 132
Shaw-Brevier it 159
Sindbad der Seefahrer it 90
Sonne, Mond und Sterne it 170
Sophokles: Antigone it 70
Sophokles: König Ödipus it 15
Stendhal: Rot und Schwarz it 213
Stendhal: Über die Liebe it 124
Stevenson: Die Schatzinsel it 65
Storm: Am Kamin it 143
Swift: Ein bescheidener Vorschlag . . . it 131
Swift: Gullivers Reisen it 58
Tillier: Mein Onkel Benjamin it 219
Toepffer: Komische Bilderromane (2 Bände) it 137
Tolstoj: Die großen Erzählungen it 18
Tolstoj: Kindheit, Knabenalter, Jünglingsjahre it 203
Tschechow: Die Dame mit dem Hündchen it 174
Turgenjew: Väter und Söhne it 64
Der Turm der fegenden Wolken it 162
Twain: Huckleberry Finns Abenteuer it 126
Twain: Tom Sawyers Abenteuer it 93
Voltaire: Candide it 11
Voltaire: Sämtliche Romane
  und Erzählungen it 209/it 210
Voltaire: Zadig it 121